文庫

対談　中国を考える

司馬遼太郎・陳舜臣

文藝春秋

目次

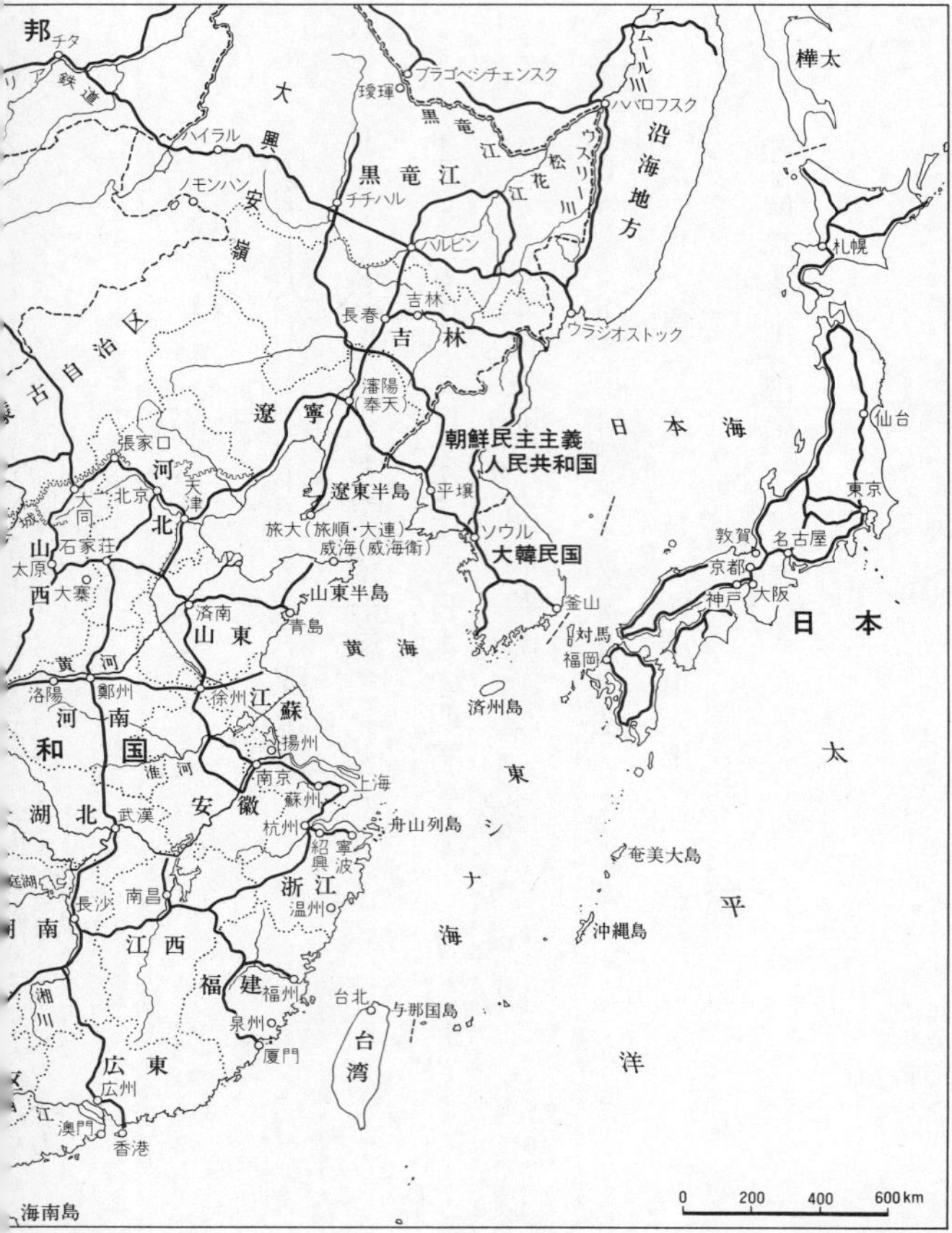
邦
チタ
リア鉄道
大興安嶺
ハイラル
ノモンハン
古自治区
ブラゴベシチェンスク
瑷琿
黒竜江
チチハル
ハルビン
松花江
ウスリー川
アムール川
ハバロフスク
沿海地方
樺太
札幌
長春
吉林
ウラジオストック
遼寧
瀋陽(奉天)
張家口
河北
北京
天津
大同
山西
太原
石家荘
大寨
朝鮮民主主義人民共和国
平壌
遼東半島
旅大(旅順・大連)
威海(威海衛)
ソウル
大韓民国
釜山
日本海
仙台
東京
敦賀
名古屋
京都
神戸
大阪
日本
山東半島
済南
青島
山東
黄海
対馬
福岡
黄河
洛陽
鄭州
河南
徐州
江蘇
揚州
済州島
和国
淮河
南京
上海
蘇州
安徽
湖北
武漢
杭州
紹興
寧波
舟山列島
東シナ海
太平洋
奄美大島
沖縄島
浙江
温州
長沙
南昌
湖南
江西
福建
福州
泉州
厦門
台北
与那国島
台湾
湘川
広東
広州
澳門
香港
海南島
0 200 400 600km

1974年当時

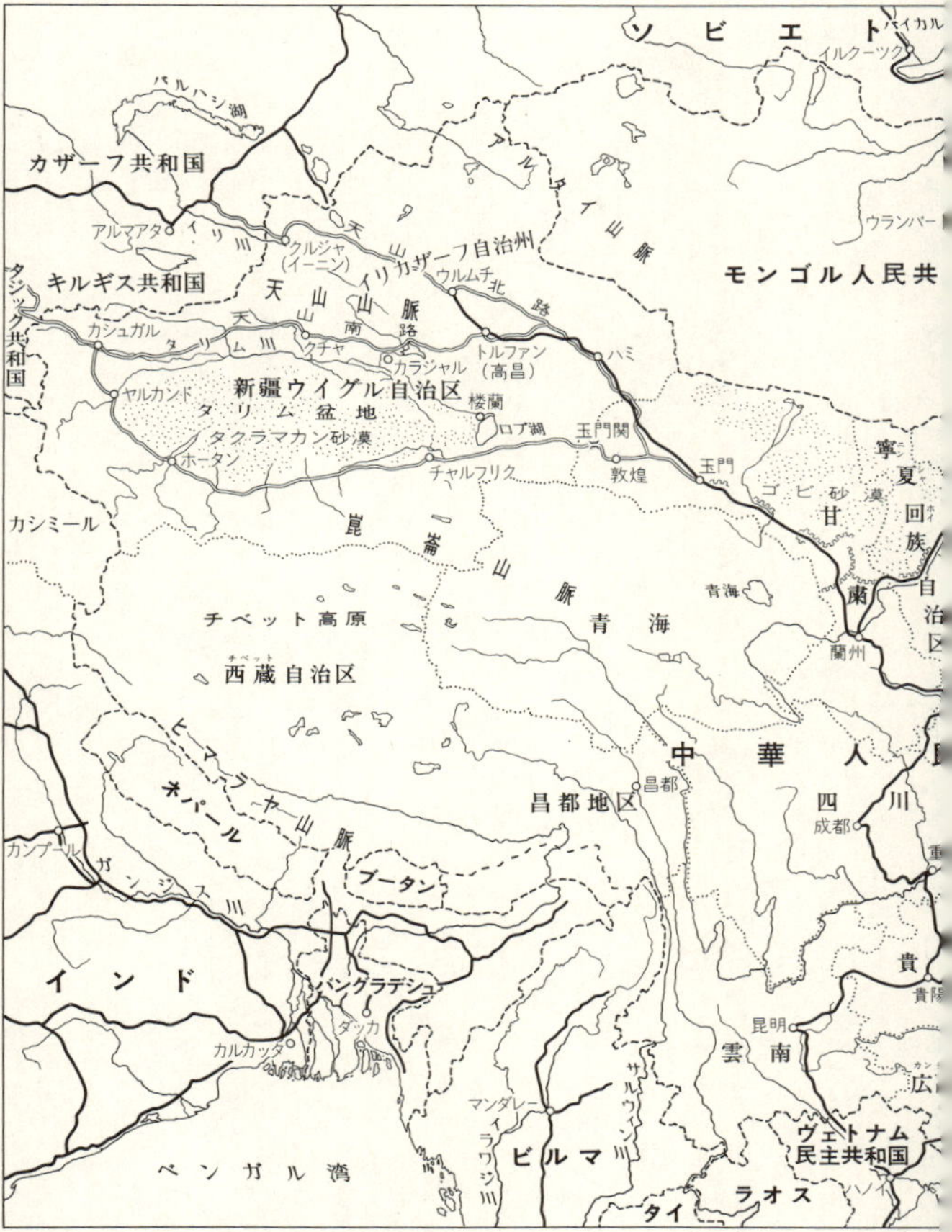
ソビエト
バイカル
イルクーツク
バルハシ湖
カザーフ共和国
アルタイ山脈
アルマアタ
イリ川
天山
クルジャ
(イーニン)
イリカザーフ自治州
ウランバー
モンゴル人民共
キルギス共和国
タジック共和国
天山山脈
ウルムチ
北路
天山南路
カシュガル
タリム川
クチャ
カラシャル
トルファン
(高昌)
ハミ
新疆ウイグル自治区
ヤルカンド
楼蘭
タリム盆地
ロプ湖
玉門関
タクラマカン砂漠
ホータン
チャルフリク
敦煌
玉門
ゴビ砂漠
寧夏回族自治区
甘粛
カシミール
崑崙山脈
青海
チベット高原
青海
蘭州
西蔵《チベット》自治区
中華人
ヒマラヤ山脈
ネパール
昌都
昌都地区
四川
成都
重
カンプール
ガンジス川
ブータン
貴
貴陽
インド
バングラデシュ
ダッカ
昆明
カルカッタ
雲南
広
マンダレー
イラワジ川
サルウィン川
ヴェトナム民主共和国
ビルマ
ベンガル湾
ラオス
タイ
ハノイ

対談　中国を考える

本書は一九八三年二月に刊行された文春文庫の新装版です

●DTP制作　ジェイ　エスキューブ

談天半天

陳舜臣

「だべる」という日本語は、「駄弁」を動詞化したものというが、これにたいする現代中国語の最適訳は「談天」(tántiān)であろう。私はこのことばが好きだ。とりとめもなくよもやま話をするかんじなので、つかまえどころのない「天」をもってきたところがうまい造語法である。北京の人は語尾のところで、心もち舌をまくくせがあり、tántiār ときこえる。これをちょっとひきのばすと、いかにものんびりして、たしかに「だべる」にふさわしい響きがする。

古典に出てくる「談天」は文字どおり天象をかたることであり、「談天彫竜」という成語になって、気宇壮大なことを言う。さらには大風呂敷をひろげる、といった意味になる。だが、現代中国語の「談天」からは、幸いなことに、大風呂敷というニュアンスはほとんど消えているようだ。

それが十五分であろうが五時間であろうが、主観的に長いとかんじた時間を「半天」（半日）と表現するのも、現代中国語に頻出する用法である。このことばも私は好きだ。人を待っていらいらしているとき、十分間でも長く思えて、待ち人があらわれると、「待つこと半天」などと言う。たのしくすごしているときの半天は、それこそ字義どおりに一日の半分ぐらいであろうか。

この数年のあいだに、私は司馬遼太郎氏とときどき「談天半天」したわけである。

私は柄にもなく人見知りをするところがあり、はにかみもあって、反射的な応答がにが手なので、対談役には不適な人間であると自分でも思いこんでいる。なんどかテストしてみたが、やはりうまく行かないようだった。ただし、司馬氏との対談は私にしてみれば例外的に順調であったという気がする。

――善《よ》く歌う者は、人をして其の声を継がしむ。……

これはたしか『礼記《らいき》』のことばだが、司馬氏は善く歌う者であり、私は彼の歌の勢いにのって、いささか声を継ぐことができたように思う。これはおなじ世代に属し、おなじ関西で育ち、おなじ学舎に学び、だいたいおなじ方向に関心をむけてきたという、声を継ぎやすい条件がそろっていたからであろう。なんとなく波長が合っているのだ。

このようなことを言えば、笑われるかもしれないが、メンタルな波長だけではなく、じっさいの肉声もオクターブがほどよくつり合っていたこともよかったのではあるまいか。かりに文壇三大声と称されるような大音声《だいおんじょう》の士との対談では、長時間にわたってその声を継ぐのはかなり難事であったろう。あらゆる意味で、司馬氏は私にとって安心できる対談相手である。このような相手をもてたことは至福といわねばならない。

それだけに二人のあいだではわかり切っていることが多く、対談の内容を公表するとき、あるいは説明不足になるのではないかというおそれもあった。しかし、それを意識すれば、せっかく合っている波長がみだれはしないかという、別のおそれもあった。そこで、いつもの調子ですませ、あとは文藝春秋側の裁断にまかせることにした。

第一回目の対談は、私が中国の新疆《しんきょう》ウイグル自治区へ旅行して帰ったばかりのときだった。じつはその旅行は、私にとって二回目の中国旅行だったのである。その前の年、広州、長沙、北京、西安、南京《ナンキン》、上海《シャンハイ》とまわったのが、私の中国大陸の踏みはじめであった。日本に生まれた私は、物心のつくころから、故国のことを知りたいという願望をもったのはいうまでもない。それはずっともちつづけた。いささか長すぎたといえよう。じっさいに故国の土を踏み、これまで長いあいだ頭のなかでえがいたデッサンを、なまみのからだで構成し直しはじめたころである。

そのあと、東北、大寨《だいさい》、延安、蘇州、杭州をまわり、蘭州から敦煌《とんこう》へ足をのばし、さらに喀什《カシュガル》、和田《ホータン》など西域南道を歩いた。自分の仕事が許す限度で、できるだけ長い時間をかけたつもりである。私なりにデッサンは煮詰められ、ようやく形をなしてきたように思う。ここにおさめた一連の対話は、その過程におこなわれたもので、私にかんするかぎりまだ熟していないが、ともあれ理解のための踏み台になれば幸せだと思っている。

日本には明治初年から脱亜入欧論があった。福沢諭吉の脱亜論は、じっさいには彼が朝鮮介入に挫折《ざせつ》して、方向の転換をはかったという、かなしむべき歴史的背景がある。いまもって、中学で漢文を習って以来、中国にかんすることには一切見むきもせず、中国大陸にも台湾にもいちども行ったことがないということを得意としている手合いがいる。日本と中国とが隣人であるのは、与えられた宿命であり、どうしようもない関係である。それに背をむけるのは、どう考えても不自然としかいいようがない。隣人であることが宿命であるなら、より正しい、より深い理解をめざすのが自然であろう。私はこの道を行くことについては、疑問のかけらも心にうかばないのである。

司馬氏と私との対談は、もともとのびやかな「談天」であるから、丁々発止、火花を散らし、散った火花のあかりで、道を照らすというふうにはいかないかもしれない。語り合ううちに、なんとなくわかってくるような気がする、といった種類の対談であろう。暗夜の一瞬の閃光《せんこう》よりも、しだいにあかるくなる夜明けのほうをえらびたい。

さきに引用したついでに、おなじ『礼記』を引用するが、

——及其久也　相説以解（其の久しきに及びて、相説《あいと》いて以て解《さと》る）

という理解の仕方が望ましい。時間をたっぷりかけ、話し合いをかさねて、どうやら

わかりかけるというのが理想的である。じつは『礼記』にはこの句の前に、学問についてつぎのような発言がなされている。

——善問者　如攻堅木　先其易者　後其節目（善く問う者は、堅木《けんぼく》を攻《おさ》むるが如し、其の易きを先にし、其の節目を後にす）

堅い木を材木にするには、やりやすいところから先に手がけ、鉋《かんな》でけずったりして、節目など難しいところは、あとまわしにするというのである。とすれば、この対談はさしずめ「先其易者」の部分であって、堅くてまがりくねっている節くれの部分は含まれていない。

その意味で、私は善く問う者と呼ばれる資格があるかもしれない。ただし「善問者」はあとまわしにしても、困難な節目もやりとげるという条件を満たさねばならない。易きを先にやってもそれは一半にすぎないのである。節目へ挑むことは宿題としてのこされる。

司馬氏の場合は、さきに述べた「善く歌う者」である。リードよろしきをえて、私はその声を継ぎ、ここに一冊の本が世に送り出されることになった。この本の特徴は、一九七四年から一九七七年まで、足かけ四年もかかっていることである。そのあいだ、司馬氏も私も、それぞれ仕事をつづけ、またテーマである中国へも、二度、三度と旅行している。進行形でうごき、しかも宿題までのこしているのだ。

私はもともと忘れっぽい人間で、敦煌へ旅行した帰り、北京のホテルに大きなトランクを置き忘れて日本に戻ったという前歴さえある。これには中国側の関係者も呆れ返ったであろう。二年後に新疆南部を旅行したが、ウルムチでもカシュガルでもホータンでも、宿舎をひき払うとき、同行の旅行社の人は、テーブルの下からソファーのうしろまで、丹念に点検してくれた。二年前とは別の人が同行したのだが、おそらく申し送りがあったのだろう。——この男、忘れ物の癖あり、要注意、と。

トランクの一つや二つ忘れてもよいが、この宿題を忘れるようではおしまいだと思う。歴代の編集長が、「どうぞ気がるに……」というので、それに甘えた形になり、これから一連の「談天半天」は、どの半天もいたってたのしかった。いよいよもって、たのしさにまぎれて、きびしい宿題を忘れてはならないと思う。

一九七八年一月　六甲山麓にて

第一章

東夷北狄と中国の二千年

（一九七四年五月二十八日　於神戸）

司馬　これから陳さんと、中国について、あるいはその周辺国——とくに日本について、考えていくわけですが、まず旅の話から始めましょうか。僕がモンゴルに行っていたのは一九七三年の八月ですが、陳さんがウイグル地区（中国西北地方）に行ってらしたのはいつですか。

陳　僕もほぼ同じ頃です。北京を発ったのが九月一日でした。もっともウルムチに着いたのは四日です。汽車で行くとそれだけかかるんですよ。

司馬　西北のウイグルもずっと北方のモンゴルも同じ中国周辺の草原、もしくは砂漠、砂礫《されき》地帯だけど、ずいぶんイメージの違うところやな。

陳　僕は時間のつごうでぜんぶ廻ったわけじゃないけど、場所によっては似てるところもあるんじゃないかな。

司馬　モンゴルに行って目を見はる感じで思うのは、モンゴル人は二千数百年も長城や砂漠をはさんで中国と対峙《たいじ》しながらその影響をぜんぜん受け付けなかったということだね。

中国というのは世界のいくつかの大文明の中でも、周辺の民族に大きな影響を与えた普遍性の高い文明を持った地帯でしょう。よくいわれるように北方や東北方の異民族がしきりに長城を越えて入ってきても、すぐ同化してしまう。紀元前からすでにそうで、はっきりしている時代でも、金（十二、三世紀に栄えた中国東北地方の国）なんかは漢民族の体制と教養をすっかり身につけてしまって、やがて同化して溶けていくみたいになる。近代におけるその典型は清朝《しんちょう》ですね。清朝は、もとはといえば旧満州（中国東北地方）にいて、人口も五、六十万のトゥングースなんですけれども、中国を支配してしまった。しかしいまやかれらはあとかたもない。本来、中国文明と異民族の関係はそういうものであるのに、モンゴルはそうなったことがない。

中国を丸ごと支配した成吉思汗《ジンギスカン》、忽必烈《フビライ》の時代でも中国文明は受け付けなかった。元《げん》が滅びてかれらが単なる少数民族に戻ってからでも受け付けず、昔、外蒙古《そともうこ》といわれた、いまのモンゴル人民共和国（現モンゴル国）でも受け付けない感じですね。

中国文明に同化しなかったモンゴル

陳　それはモンゴルの立国の精神といったものではありませんか？

司馬　いやいや立国の精神なんて、とてもそんなスマートな言葉で言えるかどうか。

要するにかれらの遊牧があまりにも純粋だったからでしょう。半牧半農じゃない。清朝を樹《た》てた旧満州のアルタイ語族のトゥングースは、もともと半分くらいは農耕をやっていたでしょう。漢民族の文明というのは農耕文明ですから、周辺の民族にとってすこしでも農耕をやっていると、もうそれで接点ができてしまって同化する要素になってしまう。つまり農耕の本家は漢民族であるし、農耕をやるからには、農耕の日常の規律とかいろいろあって、それは漢民族から学ばなきゃしようがない。学んだ技術にはどうしても思想がくっついてくる。それで金も清も同化してしまった。

モンゴル人の出現というのは、そんなに古くはないわけですけれども、かれらだけがいまだに純粋遊牧でしょう。話がなんだか錯綜してしまいますが、近代になってからラマ教が入ってきて、土を耕してひっくり返したりすると罰があたる、という妙な思想があるために、ますます農耕から遠ざかるということになっている。

陳　遊牧民の歴史からいえば、元の以前から、かれらは農耕というものを軽蔑しておったんでしょう。農耕などだれにでもかんたんにできるものと思っていたらしいふしがある。たとえば、元は河南の全住民を河北に移し、おそろしく広い土地をがらがらにあけて、功臣の恩賞用にあてたことがあるけれど、何代にもわたっておなじ土地を耕し、その土地を知りつくすといった農耕の基本は、モンゴル人にはわからなかったでしょうな。住民を移して空にした土地は、けっきょく荒廃してしまうのですがね。

司馬　これは岩村忍さんの説なんだけれども、遊牧民は信じられないほど農耕人をばかにしておったらしいな。つまり土にはいつくばっている農耕人に較べたら、自分たちは貴族みたいなもんだと思っている。一方、農耕人から見ると、遊牧民は自分たちの収穫を掠奪に来る泥棒だと思っている。これはだいたい人間の社会につきものの二つのゆき方でしょう。日本でいえば、関東武士といってるけれどもいわば泥棒であって、戦国武士と言ってるけれどもこれも泥棒であったりする。馬上の泥棒のほうが泥はだしの百姓に威張ってるみたいなもんでね。その純粋な形がモンゴル遊牧民族じゃないかな。

陳　モンゴル人は遊牧以外ぜんぜん何もやらなかったのかな。

司馬　何にもやらない。最近になって、人民共和国になってからもなんだか他のことに不熱心な感じがあるね。

陳　同じ遊牧民族といっても満州族は朝鮮人参《にんじん》をつくったりしておったよね。セルジュクトルコは漁業もやっていた。

司馬　そう、トゥングースの連中は——いまの朝鮮半島の北部居住民をふくめて——中国との貿易のために人参をつくっていた。

陳　それで明朝《みんちょう》が意地悪して、二、三年、人参の輸入をストップしたりするわけですよ。そうすると、人参が腐るんでなにやかや言ってくるわけですね。

司馬　トゥングースはかつて漢民族がロシア人に、「あの連中は東胡《トンホウ》だ」といったところからよばれるようになった民族呼称らしいけど、民族としてのしょうばいはいろんなことをやっているなあ。しょうばいごとに「族」にわかれていたといっていい。たとえばかつて漢民族から黒水靺鞨《こくすいまっかつ》という凄い名でよばれていたホジェン族など、黒竜江や松花江でシャケだけとって暮らしていた。旧満州のトゥングースはほかにヒエやアワを作ったりして小マメに農業をやっていた連中が多い。

陳　それに満州族は豚を飼ってるんですよ。豚は羊とか馬のように早く走れませんから、豚を飼うと機動力が衰えるので、周辺の遊牧民に軽蔑されるんです。つまり豚を飼うということは半ば定着するということになってきますからね。朝鮮人参も野生のを採るんじゃなくて、栽培するんだから。

司馬　なるほど（笑）。豚など飼ってなまじい定着性が高くなると、漢民族の農耕文明がどうしても入ってくるしね、機動力も弱くなるわけだな。遅足《おそあし》の豚がしがらみになってゆくわけか。何にせよ、モンゴル人は遊牧民族として純粋に残っている。要するに遊牧民のモンゴル人と農耕の漢民族という、長城の内外の関係はしょうばい敵《がたき》やと思うね。東アジア史というのは、ある意味では騎馬民族と漢民族の抗争史だけど、これはしょうばい敵として見たほうが見やすいですね。

モンゴル域でも昔、内蒙古といったところがいまの新中国に入ってるわけですね。その主たる都会でいえば張家口《ちょうかこう》、このあたりはいつのころからか知らないけれども、清朝以前から中国人との交易地帯だよね。だけど、農耕漢民族がどんどんそのへんを耕していくわけ。そうしたら遊牧民らは、おれが冬ここにおったのに、夏きてみるともう畑になってると言って怒るわけだ。怒るけれども、なにせ土地が広いからまた別の牧草のあるところへ行く。はじめのうちはこうしてほかに行っていたけれども、しまいには怒りが昂《こう》じてきて、漢民族の領域に武力で押し入る。こういう関係が繰り返されている。それから、漢民族の側からいったら、交易交易というけど、モンゴル人が買ってくれと持ってくる馬など、実際にはそんなにほしくないわけや。

陳　ほんとに、唐《とう》の時代でも馬はもてあましてしまうんですよ。回紇《かいこつ》（ウイグル）は馬の押し売りをしていたわけです（笑）。

司馬　唐の時代でも困ってるね。かれらを怒らしたらいかんし、持ってくるのは馬ばっかり（笑）。馬というのは、草原地帯では便利な乗り物でも、定着している農耕地帯ではそんなにいらないものらしいな。経費もかかるしね。

それでモンゴル人の方は何がほしいかっていうと、絹なんですね。そこで唐は国家貿易の関係上、絹をどっさり与えているわけね。それは張家口あたりでもそうですね。ところで、どうしてそんなに絹をほしがるかと言うと、「史記」なんかに書かれている匈《きょう》奴《ど》は獣の皮を着ているが、その後のモンゴル人はわりあい早くから絹を着てるわけ。いまでも緞子《どんす》のようなものを着てるね。それなら絹を自分のところで生産したらいいと思うけれども、農耕地帯に行って買うわけだ。遊牧民族と漢民族の関係は絹と馬というかぼそいかかわりで成立している。
　ウランバートルに行くとしみじみわかるのは、この連中だけが中国文明の周辺では中国文明を持たなかったということですね。たとえば日本では外務大臣という便利な言葉がある。しかし、これはもとは中国語やね。大和言葉で言えば、「外の務めを果たす大臣《おとど》」とでもいうようなもので長くなるわけだけれども、それをつめて僕らは外務大臣とか、場合によっては外相と言ってる。日本語は中国語の借用のおかげで、ずいぶん簡潔になっている。モンゴル語はそれを拒否したためにずいぶん長くなっている。外務大臣くらいならばまだなんとか覚えられるとしても、世界平和何とか人民委員会なんていうのになってくると、もう息が続かんくらい長ったらしい。ちょっとやそっとでは覚えられない。それをなぜ君らは簡略に言わないのかと言っても、簡単に言わない。ふつうの雑談でも、ずーっとぜんぶ言っている。モンゴル語と日本語とは系列でいえば文法は同じ言葉だから、われわれで言えば大和言葉で、このことは参考になるね。
陳　だから電車というのは「雷《いかずち》の力を借りて走る車」ということになる（笑）。
司馬　借用語のおかげで、日本語は簡潔になって、言葉としても面白い言葉になったわけだけれども、そのかわりむずかしい言葉になった。モンゴルの場合はわかりやすい。新しい言葉が出ても、中国語はもちろん、ロシア語からだってほとんど借用せずに自分の国の言葉で言ってる。だから言葉が長くなる。そこまで徹底して純血主義でいる。陳さんの行かれたウイグルは、この点どうでしょう。

西は将軍を出し、東は宰相を出す

陳　純血主義ということから言えば、ウイグルよりカザーフではないでしょうか。ウイグルは商業をやってたから、融通をきかせるところがありますな。同じトルコ系でもカザーフ人は、天山《てんざん》へ登りますと、そのパオ（包。遊牧民のフェルト張りの組立て式家屋）がたくさんあるんですよ。僕を案内してくれたウイグルの人がいうには、解放直後にカザーフに定着を奨励したんだけれども、やはりうまくゆかないそうです。それは金殿玉楼に住んでたってかれらは面白くなく、馬を走らせているほうが気持がらくなわけで、それがわかったのでいまは定着を強制してはいないということでした。

司馬　カザーフもそうですか。モンゴル人も同じですよ。ウランバートルにいる政府の高官も夏には遠くのパオに行って住む。そんなにパオがいいのかっていうと、あんなにいいところはないっていうわけや（笑）。そのパオたるや、「史記」の匈奴列伝なんかに書かれているとおりのものだからね。だから紀元前のころと同じ機能の住居でしょう。それが一番いいというわけなんだ。そういうかれらのおかしな遊牧文明だけが自分らに適合しているという頑固さというのは、カザーフもモンゴルも同じだね。

ところがウイグルの連中は商業民族だよね。唐の時代は商業的に大活躍した。しかし自分たちの風俗を守り、自分たちの言語を守っていて、ウイグル出身の偉い学者を出しているし、唐の官吏になったり将軍になったりしているけれども、やはり概して同化が鈍い感じでしょう。

陳　そうですね。蔣介石《しょうかいせき》の国民政府の時代に、同化政策をやったんですよ。あのころはウイグル族のことを回族と言ってたんですが、蔣介石はそれを禁じたんです。回教徒と呼べ、〝族〟をなくせ。それで漢族化を目指した。つまり日本が台湾や朝鮮でやったと同じ皇民化運動をやった。いまの政府はそれを取り消したわけですよ。いくらやってもダメなんですね。これは少数民族に対する原則ですよ。なにしろ、いまでもアラビア文字を使ってるんですよ。

司馬　あのひょろひょろとしたむつかしい字ね。

陳　アラビア文字はややこしいので、ローマ字化しようとしているんだ。だけどそんなに普及してない、と僕は思う。すくなくとも、四十以上の人はやっぱりアラビア文字ですね。スローガンを書いてあるのを見るとね、たいていアラビア文字と漢字で書いてあったりする。ローマ字化されたものも見うけるが、それほど多くない。博物館などへ行きましても、説明文は漢字とアラビア文字だけですよ。

そんなわけで、中国の人は中国語のことを国語とは言わない。「わたしはちょっと漢語がヘタですが……」などという。学校でも国語《クオユイ》の時間と言うのはなくて、語文の時間ですね。台湾では国語って言ってますけど。国語というとチベット語もモンゴル語も国語、東北地方へ行くと中国籍の朝鮮人もいるから、ここでは朝鮮語も国語。中国語というと非常に広い意味になってしまいますから、普通話《プートンホワ》と言ってまして、標準語とも言いません。

司馬　中国の近代主義というのは、漢民族みずからがこの大陸国家は多民族国家であると自覚したところから出発しているわけですね。もし昔どおりの華夷意識で漢民族の優位姿勢をのこしていたら、近代中国など国家の体《たい》をなさなくなってしまう。

それはそうと、ウイグル人というのは、もともと人種的にはトルコ人でしょう。だから、もとはわれわれと似た顔の人間だったわけやな。それがイラン系の人間と混血して、西洋人みたいな顔になっているわけね。

陳　栗色《くりいろ》の髪の毛、青い目、高い鼻、ハンガリー人みたいで、聞かないでもウイグル人ていうのがわかる人たちもいるけど、日本人にとても似ていて、ウイグルやと言われないとわからないものもたくさんいますよ。ところが、彼らの中ではそれがわかるんですね。

司馬　なるほど、仲間同士ではウイグルかどうかがわかるんだな。

陳　あれはウイグルで、あれはカザーフと帽子の模様でもすぐわかるらしい。彼らはみんな帽子かぶってますからね。僕にはわからないけど。ウイグルは、昔は外蒙古あたりにいたわけでしょう。

司馬　いたと言われてるね。定着してないからよくわからないが、巨大な軍事勢力になったこともあるし、それがまたすぐ消えてしまったりしている。

陳　ウイグルは安禄山《あんろくざん》の乱（七五五）のときに唐に力を貸して、だんだん力を得た。ですから唐もあまり苦情も言えなくて、馬を持ってきたら絹をやったりしてたんですね。しかしウイグルは小さなグループに分かれていって、黄河流域どころか揚子江流域まで足をのばしていろんな乱暴をやったんですが、結局、キルギスに急襲されて、全部が唐に入りたいということになった。しかし、こんな連中にこられたらかなわないって、唐に断わられたんですね。それで西のほうに流れて行って、甘粛省《かんしゅくしょう》に住みついた。ウイグルでも強いやつが甘粛省にいるんですよ。それで、ちょっと気の弱いおとなしいのがそこでも断わられて、砂漠越えて高昌《こうしょう》あたりに散らばったんですね。そこでイラン人と混血しているわけです。だから甘粛省に来ていたウイグル族というのは、漢族に融け込む度合いが濃く、外見もほとんどかわらないんじゃないですか。もっと西に行った方がイラン人との混血になってるわけですね。

もっとも唐の歴史にあらわれるウイグルが、現在のウイグルとまったくおなじであるかどうか、いささか問題があるようですが。

ただね、北京から延々と四日間汽車に乗りましたけれども、西安ぐらいから、だんだん乗ってくる人の体格が大きくなってくるんですよ。いかついのばっかり乗ってくる。だから、「秘本三国志」（文藝春秋刊）にも書きましたが、西は将軍を出して、東は宰相を出す、ということになる。兵隊にすれば強そうで、阿片戦争（一八四〇〜一八四二）の末期には甘粛方面から兵隊を連れて来たけれども、間に合わなかった、といったことがあった。

司馬 なるほど、体の寸法からいえば、第一、揚子江の北と南では体の寸法が違うな。

陳 北と南も違うし、東と西も違う。西北というのが体は一番大きい。

司馬 一番小さいのは広東《カントン》、福建ね。

陳 やはり、閩粤《びんえつ》でしょうね。

司馬 日本人も小さいけれども、その点、同じようなことがいえるわけだね。もとの日本人ていうのはだいたいこんなものだろうと想像させるのは、瀬戸内海の島々に住んでる人々、沖縄、奄美《あまみ》に住んでる人、高知県、鹿児島県の人たちだけれども、みんな小さいね。江戸時代に、土佐に侏儒《しゆじゆ》ありと言われていたそうだけれども、なるほど侏儒みたいな人がいる。あんなにちっちゃいということは何だか神秘的な感じがするなあ。小さい寸法の人間ていうのは、東アジアにあるグループをなしていたと思うね。

陳 「魏志倭人伝《ぎしわじんでん》」にも侏儒国が倭の南にあり、人の身長三、四尺とありますね。その東南は裸国、黒歯国というあやしげな国だな。

司馬　だから中国人も、漢民族の場合は、黄河中心でいうとその北や東北の異民族との混血があったから、わりあい大きくなったんだね。

陳　そうでしょうね。

いつから〝日本〟となったか

司馬　いまの朝鮮半島でもよく言われていることですけれども、南朝鮮は背丈の寸法が小さく、北朝鮮は大きい。南朝鮮でも、釜山《ふざん》あたりまでくると、日本人の寸法とほとんど変わらないと言われているけれども、だいたい寸法の長いのは満州あたりにおったんだろうね。女真《じょしん》、靺鞨《まっかつ》の徒なんだろうな。

陳　釜山なんか、日本人がずいぶん住んでおったんでしょう。

司馬　釜山には、むろん江戸時代はちゃんと日本人が住んでたんですよ。そのころには倭館《わかん》がありましたからね。対馬藩《つしまはん》の大使館みたいなもので、その倭館の近所には貿易業者で対馬藩と李朝《りちょう》の許しを得た日本人が住んでいた。

これははっきりしていることなんだけれども、古代にも、それも飛鳥《あすか》以前のはるか前に、釜山のそばを流れている洛東江《らくとうこう》沿岸に倭人がおったという説があるね。その倭人というのは日本人なのかと言えば、あいまいな言い方だけれども、まあいまの日本人の先祖の一派と言えるんだろうな。それは北九州と似たような言葉と風俗を持っていたんじゃないかと想像されるわけね。

陳　だから、もとの日本人は向こうから来たのか、あるいは同じ生活圏にいたっていうことなのかっていうことだね。

司馬　いまの中国の辺境にいる少数民族の人たちの中には、たとえば米を臼《うす》と杵《きね》でついたお餅を食べているのがいる。日本と同じで、中国のお餅とちがいますね。つまり中国の少数民族と古代日本人との交流っていうのはあったのか知らん。よくわからないことだけど、どう思います?

陳　地図をみて、遠いところだからということは言えないと思う。中央アジアは吹き通しやからね。

司馬　江上波夫さんとか井上秀雄さんなどの説で、日本人の先祖が中国内陸部におったとするのは「山海経《せんがいきよう》」が一つの根拠かな……。

陳　あれは燕《えん》のそばでね。

司馬　燕だからいまの北京あたりで、ともかく中国の内陸ですわね。その風俗は、「山海経」を見ると親方が歩いていると子分がくっついて歩いてる、そういうイメージね、それなら倭人やないかと思うわけだ(笑)。そこではじめて〝倭〟という文字が出てくる。倭というのは、見てみたら「説文解字《せつもんかいじ》」にもあるな。「説文」ていうのはいつごろできたの？

陳　漢やね。出来たのは紀元百年。おぼえやすい年です。

司馬　漢の末期ぐらいやね。漢の末期というと、日本はどうなっていたのかな。未開で野蛮で、状態としてはよくわからないな。

陳　漢の光武帝のときにもらった金印が志賀島《しかのしま》から出た。

司馬　その当時、倭というのはその程度の存在だからね。

陳　あの金印には、たしか人偏がなかったんやね。

司馬　人として認められていなかった（笑）。漢民族というのは周辺の民族の呼称にまずまず人偏をつけない。それは別として〝倭〟という文字が早くからあったということは、倭というグループが漢民族の周辺に早くからいた、という想像も成り立つわね。

陳　「後漢書」に、朝鮮半島か遼東《りようとう》半島のあたりで食糧のなくなった鮮卑《せんぴ》の軍隊が、自分たちは魚のとり方を知らないので、魚をとるのがうまい倭人千余家を連れて来て、魚をとらしたっていう記述がある。この倭人は海を渡ってつれてきたんではなくて、もともとその辺にいたんですね。

ところが「後漢書」と「三国志」とでは書き方が違うんですよ。「三国志」には倭でなく、「汗」という字が書いてあるんです。清の有名な学者恵棟によれば、これは汗ではなく「汙」（WU）で、一方、倭はWOで、昔は同音だったというんです。とにかく魚をとるのがうまい汙人というのがあのへんにいたのですね。ところが「後漢書」は「魏志倭人伝」のあと出ましたから、汙のことを〝倭〟にしてしまったんだろうというのがこの清の学者の説です。

司馬　単にイメージだけで言うのですけれども、日本の古代史に出てくる安曇《あずみ》……これはいろんな字をあてるけれども、それは遼東半島あたりにいたようなイメージがあるな。

ところでちょっと変なことを言うようだけれども――僕自身はわりあい大事なことだと思っているんですが――たいていの国の名前というものは、外国によってつけられていた、ということなんです。日本の場合、〝倭〟というのは中国がつけたんだと思うわけですよ。自分たちでは〝倭〟とは言ってないと思う。だけど中国に行くとき倭として行くわけだ。それがいつの間に〝日本〟になったのか、よくわからんけど、聖徳太子の前後かね。

陳　隋《ずい》のときの国書は〝日本〟でしょう。

蕃国の国名は二字

司馬　これは人の意見だけど、はじめ〝倭〟として国書を持っていったのではないか、というんだな。つまり、「日出ずる国の天子」っていうんで怒ったんじゃなくて、〝倭〟

として行ったから、やつらは礼儀を知らん、と怒ったんじゃないか、という説なんだ。

そういう話を聞いたんで、僕は大まじめに考え始めたんだけど、よく考えてみたら、中国の周辺の国、蕃国《ばんこく》には一字の国名はないでしょう。つまり中国文明に賛成ですと言った場合は、蕃国になるわけだ。賛成せんというのは夷《えびす》でしょう。モンゴルは夷ですね。賛成しましたというのは、朝鮮、日本、ヴェトナムは安南、古くは南詔、みんな二字ですよ。

朝鮮の場合も古くから朝鮮という言葉はあったけれども、日本でいえば室町時代に、李朝が立つときに、国名をどうしましょうかって中国にお伺い立てているわけですね。それで朝鮮ともう一つ何とかという名前を持っていったら、朝鮮がいいじゃないかといって、二字の方をもらってきてる。

中国の場合は、漢とか、唐とか、その前は周とか、みな一字名でしょう。それなのに〝倭〟というのは一字名ですね。これは無礼だ、ということになって、何となく外交交渉がうまくいかない感じがあって、〝日本〟とつけたんじゃないか。こういう話、陳さんはどう思う。

陳　「蛮夷の書に無礼なるものあり」っていうのは隋《ずい》の煬帝《ようだい》（七世紀初め）のころでしょう。しかしそこに出てくる国書を見ると……。

司馬　〝日本〟になっているでしょう。それは、その前に〝倭〟で行ったことを意味するのではないだろうか。むろん向こうでは、倭人は倭という言葉が汚いので忌《い》み嫌《きら》い、〝日本〟に変えた、といっているし、それが九割までの理由だと思う。ところが、中国ではいまでも日本のことを〝倭〟という。朝鮮でも〝倭〟というし、非常に悪い言葉らしいけど、「倭奴《ウエノム》」ともいうね。それから、日中戦争のときに、中国側の新聞は「倭軍、何とかに上陸」とか、書いた。

陳　「倭寇《わこう》」とも書いたね。

司馬　〝倭〟のほうが古い伝統があって、通りやすかったんじゃないか。「国号を日本とす」というのは、いつからかわからないけれども、外交文書の上で成立したんですね。国内的には、いらなかった。とにかくそれで「日本書紀」が正式に成立するわけだね。中国の東だから、〝日本〟という言葉が成立したんだろうけど、ひょっとしたら、蕃国は二字名ということで決まっていたようにも思えるね。

陳　しかし、〝倭〟というのは、そう悪い言葉ではないね。人偏でしょう。たいていはけもの偏ですよ（笑）。

司馬　そうそう。ひどいのになるとムジナみたいな偏（笑）。

陳　濊貊《わいばく》の貊ね。

司馬　漢民族にとって服装が「礼記」の根本だから、同じ服装をしていないのはケモノで、そんなやつらは何をするかわからない。漢民族の文明のルールを持っていないから、いきなり戦争をしかけてくるかもわからない。ところで倭の場合は、何で人偏なのかしら？　陳さんがいうとおりおかしいね。悪い意味ではないかもしれないけれども、言葉のイメージから言ったら、何となくクチャクチャとちぢんでいる感じ。あるいは小さい、おとなしい人間の雰囲気ね。字からいくとそうなるね。

陳　でも、金印の場合は〝委〟だから人偏はないんですよ。倭というのは、お前はだれだ、わたしは我だというのでワになったというのが定説なんですけどね。小人のことを矮《わい》というけれど、そんな似た字の連想もあるだろうね。

司馬　〝倭〟というのは倭国という意味もあれば、倭人という意味もあって、一字で国名の意味もあれば民族に使う場合もある。それを国名にしておけばいいのに、なぜ〝日本〟に変えたのかな。

陳　倭の五王のときは〝倭〟だね。あのときは、国の北半分を失った晋《しん》とか宋だから、将軍の位をもらいに行ったときに、なくなった国の名前をなんぼでもやる。昔あそこに日本があったんだ、と言うと、それをすっとやる。そういう雰囲気があったのと違いますか。

司馬　そうかもわからん。隋・唐帝国がパッと統一帝国として出現するということになると、〝日本〟という国名が始まるわけですね。本来、宇宙を覆《おお》う帝国の場合のみ一字名なんで、隋にしても唐にしても一字ですね。それを、東海の孤島から来たやつがなぜ一字名にしているのか。もし、それに年号立ててやってきたら突き返されるわね。年号というのは独立文明圏という意味なんだもの。

だから朝鮮はずっと年号立てないで、中国の年号を使うわけでしょう。それが漢民族にたいする一番の随順の仕方ですよ。日本はやがて大化から年号立てたことになってるけれども、その以前からひょっとしたら立てていたかもわからんね。日本は独立のムードはあったし、あまり遠いから、お前は勘弁してやるという気持が中国のなかにあったと思う。ところが、その年号を国書に使ったかどうかわからんね。国書にはおそらく唐の年号を使っていたんじゃないかと思う。国内的には独自の年号をこっそり使っていたかもしれない。そういう関係というのが、平安時代までの日本と中国の関係じゃないかと思うな。

北からは孔子、南からは老子

司馬　話をはるか昔に戻して、はなはだ漠然としたことを言いますけどね、中国大陸の揚子江以南と日本の稲作は繋《つな》がっていると言われてますね。古代のシャーマニズムを考えると、日本人の一原理はその地帯から来ているのじゃないか、とも言われている。古代といっても、卑弥呼《ひみこ》とか、その類いが日本にごちゃごちゃいた時代のことですが、このころの戦さというのは巫女《ふじょ》を先頭に立てて行くんですね。北アジアの遊牧民族にもシヤーマニズムはありますが、こんなことはしない。日本では伝説によると、朝鮮侵略に出かける神功皇后《じんぐう》が瀬戸内海を下関あたりまで来た時に、船の舳先《へさき》で神憑《かみがか》りするということがある。倭人というのは巫女を押し立ててやって来るんだ、と書いてあるのをどこかで読んだ覚えがあります。

陳さんの「秘本三国志」に、呉《ご》の孫堅が風姫《ふうき》という巫女を連れて戦場へ赴くというところがありますね。これは孫堅のその時だけのアイディアだったのか、揚子江以南で一般的にあった風習なのか、僕は知らないんですが、陳さんの小説によれば、少なくとも軍隊の何分の一かは風姫の信者であった。ということは巫女的なものの言うことを信じるムードがあったわけですね。

陳　楚《そ》にはあったわけですね、湖南、湖北には。ですからあんなのばっかり出てくる。屈原《くつげん》とか伍子胥《ごししょ》とかいう人たちもだいたいそういう存在ですね。それから漢の武帝の時代に、董仲舒《とうちゅうじょ》の献言の下に儒教体制が布かれるということがありましたね。で、各地儒教体制になったんですが、あの地域だけは神仙の巣窟だったんですよ。何かあの地方だけ妖気が漂っている。

司馬　あのあたりの神仙が、やがて道教みたいにきっちりしたもののなかに吸収されていくのも、やはり同じころでしょう。

陳　だいたい三国のころです。仏教が入ってくるのもそのころですね。

司馬　道教が宮廷にまで入り込んでほんとうに勢力を得るのは、唐の時代ですけれども、道教というのはほぼそういうシャーマニズムが芯になっていて、それに老荘的な思想だとか、仏教的な思想だとかをくっつけて体系化されたものでしょうね。

陳　「魏志倭人伝」を見ますとね、朝鮮へ渡る時にシラミをつけた、汚い祈禱《きとう》師みたいなのを一人船に乗せるでしょう。「持衰《じすい》」って言って、無事航海を終えることができたら、そいつの手柄になるという……。

司馬　遣唐使の一行もそんなのを乗せてるな。

陳　それから秀吉が朝鮮へ出兵した時の、中国側の記述を見ると、日本軍には妖僧がいると書いてある。そいつの使う妖術はどうしたら破れるかと言うと、尿とか糞がいい。それを匂わせたらよろしい。ということで糞尿を捨てたらいかん、という軍令が出てる（笑）。

司馬　それは薩摩の島津軍なんですよ。薩摩には幕末まで残ってましてね、「兵道《ひょうどう》」と呼んでますが、まあ山伏ですね。おそらくずい分古い頃から続いているシャーマンですね。山伏というのは、中国の道教が影響したものだと思うけれども、それに真言《しんごん》密教がくっついたり、雑密がくっついたりして成立している。その祈禱方法というものはそれ以前に比べてハイカラなものであって、道教的なもの、密教的なものなんです。雨乞いするんでも、古いシャーマンのように神憑りでやるんではなくて、一定の法則を守ってやれば誰でもできるという、そういうサイエンスを持っている連中でしょう。島津家ではそれを戦国時代にも使っていて、士族の中に組み入れてるんだ。戦さの時は必ず先頭に立てていくわけやね。

江戸時代の薩摩藩といいますのは、日本国自体も鎖国でしたが藩独自でも他所者《よそもの》は入れない、自国の者も外へ出さないという二重に鎖国をやっていた藩なんですが、医者とその兵道家に限っては京都に留学を許したわけだ。兵道家は聖護院《しょうごいん》で勉強するわけです。とにかくそれはおそらく古代シャーマンの名残りだろうと思うけど、呉の孫堅の場合は非常に艶やかな風姫なんかを使っている……。

陳　風姫というのは架空の人物やけどね。

司馬　架空の人物？　ひどいなあ（笑）。

陳　いやいや、当時あの地方にはああいう巫女的なのがいっぱいいたということなんです。「水滸伝《すいこでん》」の中でも公孫勝が妖術を使いますね。

司馬　呉のムードの中に、そういう者を使うことを認めるものがあったわけでしょう。ところが華北では違うでしょう。

陳　華北にも遊牧民族系――トゥングース系のシャーマンはあるんじゃないですか。

司馬　それはあるんです。非常に大ざっぱな言い方をしますと、長城の内側にいる漢民族と、外側にいる非漢民族――アルタイ語族との対立が中国の歴史の大きな骨になってますよね。そしてアルタイ語族は二つの点で漢民族圏に影響を与えている。その一つは軍装ですね。ずい分古い時期に、春秋の末期ぐらいから……。

陳　そうです、趙《ちょう》（前四〇三～前二二八）からです。

司馬　趙の武霊王が最初に採用した。つまりああいう連中と戦うには馬に乗る服装をして、馬上で弓を射る――騎射をしなければダメだ。それではじめて戎服《じゅうふく》を着て戦った。つまり今でいうと外套《がいとう》、それにズボン。

そしてもう一つの点は、ちょっとあいまいな言い方なんですけれど、天を崇拝するという思想は北アジアから来たのかも知れん。とてつもなく広漠とした大地の上にいないと、天というものは感じられないわけで、いまの中近東の砂漠で絶対神《ゴッド》が出てくるようにそういう地理的条件が必要のように思うんです。日本のように山川草木がちまちまと錯綜して、谷間の神様がいたり、峰の神様がいたり、小川の神様がいたりじゃ、絶対神は成立しにくい。しかし北アジアの草原にいると、簡単にわかるような感じがしますよね。

それが華北地帯とのいろんな軍事的錯綜状況もあって、征服したりされたりで、華北に天というものが成立するのは紀元前何千年もの昔だから、想像するのもバカバカしいわけですけれども、少なくとも漢民族とアルタイ語族に共通しているのは、神聖なる天、というものがあるということだろうね。そういう天があれば、シャーマンの呪術性というのは単純化されてしまうわけで、思想性が強くなる。揚子江以南のように、風景に凹凸が多くてきれいなところでは、依然として道教の方がよろこばれるのだと思うけどね。

陳　道教は絶対神ではなくて、八百万《やおよろず》の神みたいなものだからね。いろんな神様が出てきますもの。

司馬　ですから孔子のように、君子怪力乱神を語らず、しきりに天ということを考えている人間が出てくるのは華北からで、孔子がもし華南に生まれておればそうはならなかったように思える。

陳　そうですね。だから華南からは老子、荘子が出るんですね。

司馬　僕なんか無神論者のつもりでいるんだけど、それでも山奥の谷のどこかを歩いていると、不意にここに神がいるのかなと見わたしてしまう。たいてい、祠《ほこら》かなにかあって、だれでも感じるそういう場所の神秘性みたいな古代感覚をすこしは持っているらしいんだけど、中国の戦国の楚なんてのもそういう地形で、老子のいう谷神《こくしん》がいたんだな。谷神ハ死セズ、是《これ》ヲ玄牝《げんぴん》ト謂《い》フ、なんて華北の黄土地帯ではわかりにくいだろうな。

海や島を恐れる漢民族

司馬　魚をとる技術を持っているのは、原日本人の一派らしい「汙」の側であって、鮮卑の軍隊は持っていない、という話が前に出たけど、これは非常に面白い。僕はこの前、台湾の横っ腹にある与那国島《よなぐに》に行って、「ほう」と思ったんだけれども、そこではむろん古来、日本語の一派を話してる。つまり、中国語の影響を受けてないわけだ。なぜ漢民族はここまでこなかったのかと、よく考えてみたら、漢民族は海や島をとくに恐れたり嫌ったりするのやな。漁をして食べていく技術がないから、こんなに中国の近くに島があっても来たがらない。だから、台湾が漢民族化するのはびっくりするほど遅い。台湾に漢民族がやってくるのはずっと時代がくだるわけで、日本の時代区分でいえば徳川初期ですね。

陳 鄭成功《ていせいこう》のころ（十七世紀中期）。鄭成功のころは商売人しかいなかったので、鄭成功が中国本土から移民を呼んできた。

司馬 そのくらい漢民族は海や島を恐れたわけだ。おそらく舟山列島とか海南島とか、中国周辺にはいろいろな島があるけれども、当時は漢民族的風習を持っていない連中が住んでいたんだろうね。与那国島でつくづく僕は漢民族というのは大陸でないと安心できない、大陸でなかったらメシが食えないという文化を持つ巨大で頑固な農耕民族だという感じがしたな。

陳 こんなことを言うたら悪いけど、中国史から見ると、漁撈《ぎょろう》についたものは階級からはじき出された連中、つまりアウト・カーストという感じがする。明の時代に、明の洪武帝に反抗した人たちが本土から追い出されて、漁をしたわけだね。

司馬　やむなくね。

陳　広東の蛋民《たんみん》もおそらくそういうことだね。ほんとうは人間は陸で生活すべきもので、なにか事情のある人たち、追放された人たちが海のそばにおるという感じね。その連中は、科挙の試験が受けられなかったんです。科挙は原則としてだれでも受けられるんですけれども、その例外に数えられてたんですよ。だから蛋民も異民族ではないんです。政治的な関係で戦争に負けて、そうなったんですね。

だから呉越の戦いで、夫差《ふさ》が殺されるとき、勾践《こうせん》がこいつはかわいそうだから助けてやろうと言って指定したところが舟山列島なんです。それがいやだと言って死んだけれども、島というのはそういう人を置くところという感じがあったのですよ。

司馬　漢民族圏のそばには漢民族文化に同化しなかった頑固者が、島やら、山に上がっておって、その対策は大変だったろうけど、根本のところでは、中国文化というのは農耕のできるところの文明であって、農耕のできない島やら山奥に入ると、漢民族の利用度の薄いところだから、そこに住んでるやつは勝手に住めとほったらかしておったような感じがするね。

陳　春秋戦国時代の漢民族は、お城の中に住んでいて、農民は早朝その外に出て行って、耕して、夜になるとまた帰ってくるわけでしょう。自分らは畑をつくっているけれども、蛮族が荒しに来たら城の中に逃げ込む。そういう感じがあるから、点ですわ。

司馬　点以外の面に実際はいろんなやつがいっぱいいたわけやね。

陳　遊牧している人たちは貯蔵をしていませんから、ときどき食べられなくなりますからね。もらいにくれば、それで恩恵を施して友好状態を保っていたんでしょうね。だから漢民族は農耕民族であることは間違いないけれども、城郭民族でもあった。

正坐は中国からきた

司馬　たとえば苗族《ミャオぞく》とよばれる民族が、中国の雲南省にもおれば、ヴェトナムの北、ビルマ（ミャンマー）あたりのインドシナ半島にもいますね。ところでかれらはその住むところによって、おれは中国人だ、おれはヴェトナム人だって思っているのでしょうか。苗族としての交流があって、同じ文化を持っているということで……。

陳　東南アジアでは民族ではなくて、同じ回教徒としての交流はあるでしょうね。

司馬　回教が入ってくると、一つの面になるけどね。しかしそういう大宗教が入ってこない場合は、少数民族は点として存在するね。

陳　新疆《しんきょう》のトルファン（吐魯番）へ行くと、漢語はぜんぜん通じませんね。

司馬　あそこは何を話してるの？

陳　ウイグル語で教えていますね。ブドウ園に参観に行きましたけれども、ウイグルの女性はきれいですね。ところが話してもまったく通じない。

司馬　民族衣装を着ていますか。

陳　踊るときには着るでしょうけれど、働いている時はカラフルなワンピースやスカートですよ。それで下にズボンをはいている。夏は四十度、五十度と暑いですからね。

司馬　右《う》衽《じん》左《さ》衽《じん》って言うでしょう、着物の右前左前って言うの。孔子の時代の中国にも騎馬民族など異民族がいっぱいいますが、中国人はだいたい右衽にしてますね。

陳　右前ですね。

司馬　右前が中国人。で、異民族は左衽にしている、弓を引くから。と同時に野蛮人のしるしとされていた。モンゴル人は古くから漢民族を見ているせいなのかどうか、いまは右前ですけれども。これはまあ、服装のたてまえからして違うんでどうとも言えませんけれども。

それで楽浪郡の、いまの平壌付近の古墳の壁画、これはきれいなのが残っていますが、右衽にしている。中国化しているんですね、左衽は野蛮だと思っていたんでしょうね。日本人はどうかといえば、卑弥呼の時代、貫頭衣というか、布に穴をあけて頭をつっこんであるいは着ていたのかもしれない。しかし少なくともわれわれが知ることのできる歴史では右衽にしている。この点、中国風なんだ。

陳　左前は弓を引くのにいいし、右前はふところから物を出すのに便利ですね。

司馬　昔は中国文明に浴しているかいないかは右衽左衽でわかった。

ところで衣服の話になりましたから、坐り方なんですけどね。この間、井上靖さん原作の「天平《てんぴょう》の甍《いらか》」を河原崎長十郎さんの芝居で見たんですけどね、これは鑑真和上《がんじんわじょう》の時代だから玄宗皇帝はなやかなりしころでしょう。その時の中国の民家が舞台設定の一つになっているんですけれども、日本の留学生でもうよぼよぼのじいさんになっている人、とにかく三十年写経してきたというすさまじい人の姿が出てくるんです。その場面では土間にテーブルをおいて、椅子に坐っている。あれはどうかなあ。民家の場合は唐代になってもなお床《ゆか》に正坐していたかもしれないですね。後漢の末か唐のころ、あるいは宋の時代に入って圧倒的に土間ができ、椅子が出てきますが、漢の高祖の時代はいまの日本でいう正坐やな。

陳　中国人は正坐ですね。ただ胡人がたくさんおりまして、彼らはあぐら、あぐらはですから胡坐と書きますね。それから胡床。

司馬　胡床というと椅子。だから椅子にテーブルだね。中国人はそのころから正坐をなくして、日本だけに残ることになりますね。

陳　胡人は馬に乗るのでズボンをはいているものですから、あぐらがかける。中国人が正坐していたというのは、きものを着ていた上に、当時褌《ふんどし》がなかったですから、あぐらがかけない。見えちゃう（笑）。

司馬　なるほど、そりゃあそうだ（笑）。

陳　坐る前に跪《ひざまず》くですね。跪くというのは〝危〟という字を書くでしょう。不安定な状態だからですね。それから坐る。

司馬　いかにも見えそうになるという感じだな（笑）。

陳　それも含めて〝危〟（笑）。

司馬　要するに両足を折って正坐するというのは、なにも日本古来のものではないということを言いたかったんですけど、当時漢民族には褌がなかったから正坐か。

陳　偉い人は長いズボンをはいていたかも知れませんけど。のちに褌も登場します。褌という字はちゃんとした中国の字ですよ。中国の服は日本の着物と同じで、襦袢《じゅばん》があって、帯をしめるんです。今中国服といっているのは、ほんとうは満州服です。

司馬　日本人ははかり知れないほど昔から褌をしていたのは確かで、われわれは老舗《しにせ》の褌民族である（笑）。ポリネシアとか、ネシアのつくところはそうですね。

陳　そうすると褌だけが衣服であったという時代があったわけでしょう。だいたいそれを隠すことが衣服の始まりですから。正坐以前はあぐらをかいていたかも知れんし、立て膝だったかも知れん。正坐する必要はないわけですからね。

司馬　飛鳥から律令国家の初期にかけて、正坐が入ってきたんじゃないかと思いますけれども、はっきり定着するのははるかに下って室町時代の小笠原式からでしょうね。お公家《くげ》さんもしくは公家の位を得た武家はだいたいあぐらの姿勢ですけど、源頼朝が静御前の舞を見るときに正坐したかどうかはわからない。とにかく江戸時代の殿中作法は全部正坐ですね。

陳　中国では玄宗皇帝ごろまでの風習で、胡人がたくさん入ってきましたから椅子の生活が普及していきます。まったく正坐をやめたのは宋からでしょうね。

司馬　そのころまでは土間がなかったような感じだなあ。日本は高床式住宅ばかりで、江戸時代の住宅にも土間はあるけれどもそこでお客を接待するわけではありませんしね。まあ、これは日本的なものだろうとわれわれが思っているもので、実は中国がもとだというものがいっぱいあるわけですよ。政治思想として、よく国粋主義的なことを言う人がいますけど、だいたい朱子学みたいなことでしょう。それ以前にはさかのぼらない。本居宣長を政治思想にしようとしてもなかなかなりにくい。朱子学だったら、南宋の思想ってことになってしまう。

船つくりの下手な日本人

陳　日本人の祖先が魚とりが上手だった話が出たが、船をつくるのは下手ですね。そのために海戦で勝ったことがないって言うんですね。

司馬　昔の日本人の船つくる技術の下手さというのは、考えられないほど下手ですね。

陳　魚をとる船というのは刳舟《くりぶね》で十分なために、大きな船を作る必要がなかったからでしょうね。

司馬　そう、漁民は大洋を横断する必要がないからね。大洋を横断するのは漁撈民ではなく、商人やね。アラビア人が最初に海を渡るのも、商行為がエネルギーになって行くわけでしょう。中国沿岸にアラビア人がやってくるのはいつだったでしょうかね。

陳　ずいぶん前から来てるんじゃないですか。唐の時代には泉州に何万人も来てる。

司馬　そういえば、いまの泉州あたりでアラビア人が問題起こしたりしてるわね。アラビア人の航海術、天文学、造船術というのは、やはり中国に影響を与えたと思う。これは証拠もなく言うわけなんだけれども、中国人が大海を航海するのは、唐より以前にはほとんどないという感じでしょう。

陳　ただ、漢の武帝が朝鮮を攻めたときは、陸地から左将軍が、山東省からは楼船将軍が船で攻めていますね。「史記」の食貨志を見ると、楼船十余丈というんですね。あの時代の丈という単位はまだ小さく、二メートル二十五センチです。それでも十余丈といったら、高さが三十メートルぐらいある船ですよ。これは大変なものでしょう。だから船はつくれた。孫権がつくって揚子江に浮かべた「長安」号という船は三千人乗ったというんですからね。だけど揚子江ですから、あんまり波を勘定せんとつくったんだと思いますね。武帝の楼船はどうかな、黄海を渡るわけですけどね。

司馬　それにしても相当なもんだなあ。日本の場合は、遣唐使船ではじめて大きな船をつくって、遠洋航海するわけだけれども、その船は百済《くだら》の技術を輸入したもんやね。百済から渡来した船大工が各地におったから、それに命じている。それは戸板を張り合わせただけのもので、ちょっとした横波でもとの戸板に戻る、そんなものだった。

陳　竜骨がないんだね。

司馬　竜骨どころじゃない。潮が入ってきたらいかんので、すき間にいろいろピッチを埋めるでしょう。これは想像だけれども、その当時、南中国にアラビア人が来ていて、ピッチを埋める方法を知っていた。だけど日本の旧百済技術の遣唐使船はピッチを知らず、水草で埋めてあった。

陳　水草そのままですか。

司馬　そうそう、乾かしたやつね。ちょっと潮けを帯びると膨張する、膨張することですきまがふさげる。その程度の技術だね。ところが、それよりちょっと前にあった高《こう》句麗《くり》の水軍というのは、相当力が強かったらしい。高句麗は、いまの北朝鮮から中国東北部の旧満州南部にかけての地域ですので、北にあるから南の百済より野蛮だろうというけれども、漢の楽浪郡が置かれているところだから、人の往き来も多く、漢文明の影響を直接受け、それらがっちり根づいている。だから、漢民族の造船技術や航海術というものは高句麗に相当あったと思う。

海戦に勝ったことがなかった日本

司馬　ちょっと話がそれてしまいましたが、ほかの国の水軍の水準が、日本のそれより高かったことはあきらかな事実で、水軍が勝ったっていうことは、とにかく明治以前にはないのです。天智天皇のころの白村江《はくすきのえ》の戦い（六六三）なんていうのは、海戦どころか勝負の前にやられてしまってるんだからね。

陳　あれは船がやられたんですね。「船を焼くこと四百艘《そう》」で、川の水が赤くなったっていうのが「旧唐書《くとうじょ》」に出ているね。船をかためておくと、火をつけられるというのは、白村江より五百年も前の赤壁の戦い（二〇八・孫権、劉備の連合軍が曹操軍を撃退した）のサンプルがある。唐の水軍は「日本というのは、三国志も勉強していないな」と、呆れながら攻撃したんじゃないですか。

司馬　唐、新羅《しらぎ》の連合軍がびっくりするほど沢山の船で向かって行くわけでしょう。そして接触してほどなく全部焼けてしまう。

それと、豊臣秀吉の朝鮮侵略のとき、いまの釜山周辺の多島海で、何べんか海戦があって、だいたい百戦百敗だわね。決定的にやられるのは李舜臣の戦法と亀甲船にやられるわけだけれども、僕は「坂の上の雲」（文藝春秋刊）を書くときに調べていたら、日本の海軍の軍人も、日本は外国との海戦で明治以前は一度も勝ったことがないと思っているようなふしがあるね。鎮海湾でロシア海軍に備えて待機してるときに、それで李舜臣の霊に祈ったということがある。李舜臣のために日本は負けたのに、東洋で水軍の提督といえば李舜臣だし、同じ場所だからというので李舜臣の霊に祈ったんだろうけど、果たして李舜臣が言うことを聞いてくれたかどうかわからないけどね（笑）。

陳　その前の日清戦争の威海衛の海戦では、李鴻章《りこうしょう》は、北洋艦隊は清国の海軍というより、自分の海軍みたいなものだから、これは損したらいかんと思って、非常に消極的に戦ったんで日本に敗れたともいえる。

司馬　近代的な見方をすれば、李鴻章というのはどうしようもない〝英雄的〟官吏、だから汚職のかたまりみたいなもので、自分で海軍も持っているし、陸軍も持っている。陸軍は淮勇《わいゆう》をもらっていた。

陳　湘勇《しょうゆう》の一部ももらっていた。

司馬　勇というのは募集兵ですね。

陳　義勇兵と言った方がいいでしょう。郷土を守る郷土義勇兵の感じですね。ところで曾国藩《そうこくはん》、これは偉いかどうかわからないけれども、トップになるとクビがとぶんで、彼はそれを恐れていたんだけど、トップになっちゃったでしょう。そして彼は身を引くわけだけど、身を引いてもまだ危いわけで、身を引いたあと、こんど李鴻章に守ってもらおうと思って優秀な将校団を譲るわけですね。しかし、李鴻章は自分の淮軍を使っているから、日清戦争になっても、軍力が減ると、張之洞《ちょうしどう》みたいなライバルがおるし、自分の政治的立場がまずくなる。

司馬　目が国内にむいている……。

陳　それで自分の兵隊を減らさないために、講和しないと困る立場なんですね。

司馬　だから日清戦争は、李鴻章の私軍と日本軍との戦いであって、国際的には日清戦争だけれども、内実はそういうことだったとも言えるわね。北洋艦隊には、数人、英国仕込みの勇敢な指揮官たちがいて、軍艦も日本の軍艦より優秀だった。速力は遅いけれども、大きな大砲と厚い装甲を備えていた。海戦というのは、所詮《しょせん》、装備力ですから、海軍の常識からいえば、日本軍の負けですよ。ところが、北洋艦隊司令長官の丁汝昌《ていじょしょう》は艦隊保全思想で、威海衛に引っ込んでいる。おそらく丁汝昌を後から引っ張っていたのは李鴻章でしょうね。丁汝昌は志願兵上がりだから、精神もしっかりしていて強いわけなんだが、外の敵と国内で自分にブレーキをかける者たちの板ばさみになって、それを恥じて結局毒を仰いで死ぬことになったんじゃないですか。

陳　艦隊の顧問外人が戦争するなって言って押える。それで李鴻章も押えるわけですよ。

司馬　そのときの李鴻章の立場は、ムリないと思うけど、それはまさに当時の戦術用語でいう典型的な艦隊保全主義だね。

中国が開発した蕃国との友好方法

司馬　高句麗の水軍の話をしていたら、日清戦争の威海衛の海戦まで話が行ってしまったけど、それはまた後で詳しく話が出ると思うから、ひとまずおいて、高句麗のあとの渤海《ぼっかい》国は日本の平安時代、敦賀《つるが》までしょっちゅうやってくるね。それで、お前のところは兄貴の国だから、ご馳走せい、ご馳走せいと言う。さしたることのない貢物《みつぎもの》を持ってきて、いい物を持って帰ろうとする。これは中国式やね。日本も遣唐使船で、エビのようなものを持っていって、タイのようなものをもらって帰る。兄貴の国はそれだけのことをせんならんというのは、中国が開発した蕃国との友好方法だね。中国の皇帝が兄貴で、蕃国つまり衛星国のほうは弟。兄貴は、弟が来たときにもてなしてやる。その伝統は新中国にも残っているように思う。中国は世界でも最も古いそういう接待方法がある文明を持っている国だからね、それに感激して、新中国はやっぱり違うって帰ってくる日本人が多いけれどね（笑）。

日本の平安朝は、渤海がやってきたときにその接待法をちょっとまねしたわけですね。渤海がくるために、外務省の出先機関、鴻臚《こうろ》館《かん》ていうのを敦賀において、京都の公家が接待する。

陳　いまでいう迎賓館やね。

司馬　渤海が日本に持ってくるものといえば、テンの毛皮ぐらいなものでしょう。あとになって、帝政ロシアが、十八世紀から十九世紀にかけて、どんどん商人を送り込んで、原住民から黒テンを買い上げて、パリの貴婦人の首に巻きつけた。黒テンは非常に貴重なものであるけれども、しかし平安貴族から見たら、そんなに黒テンが値打ちがあるかどうかわからない（笑）。黒テンばっかり持ってきて、ほかのものをもらって帰られる。これには日本も貧乏だから、もう勘弁してくれ、と何べんも言っているのに、渤海は国が滅びるまでくるわけですね。それはつまり周辺国同士の中国式つき合いの典型で、要するに日本に中国のまねをさせにやってくるわけだ。兄貴、兄貴と言ってくる。まあ、渤海との関係は日本が記録能力をもってからの時代だからわかるけど、上代、測り知れぬ往来があったろうな。

陳　たまたま中国へ行けば、向こうに記録が残るけどもね。あれは魏の景初三年ですか。二年ぐらいまでは公孫恭がいたでしょう、だから渤海は行けなかった。日本からは公孫恭のところに行っているはずですわ。

司馬　公孫氏政権というのは、朝鮮半島のいまの黄海道（当時、中国の帯方郡）付近にあった中国人政権だけど、例の三国志の魏の曹操のときに公孫氏があのあたりで独立政権をもち、三世紀はじめまでつづいた。東海の倭人からみれば、ごく手近に大文明のカケラがそこにかがやいている、といった感じだったろうな。

中国人の日本理解は貧弱

陳　日本は中国文明からいろいろなものを学んだから、比較的中国を理解しているけど、中国人の日本理解は非常に貧弱ですね。豊臣秀吉が朝鮮に出兵した時、朝鮮は宗主国の中国に援軍を頼むんですね。最初に出した援軍は遊軍といいますから、率いて行った史儒というのは中佐ぐらいでしょう。この程度の規模で充分だという認識だった。それが負けて、次に平壌で負けたのが祖承訓だったかな。これがやっと副総兵かなんかで、まあ連隊長クラス。この後にやっと李如松提督が来る。ですから豊臣軍が来たといっても、はじめは泥棒の集団、倭寇みたいのがまた来た、と思ってたんじゃないかな。

司馬　そうだろうな。倭寇はしょっちゅう来て知っているから、そのやや大きいのが来たんだろうぐらいに思ってただろうね。まあ実際、秀吉の侵略というのは日本の大統領がみずから指揮した倭寇みたいなものだけど……。

陳　このころは中国の暦で万暦年間だから「万暦倭寇」といっている。その前の倭寇は「嘉靖倭寇」。

司馬　朝鮮史では壬辰《じんしん》倭乱。ともかくやってることは倭寇と同じなんですよ。掠《かす》めて帰るだけでしょう。土地がほしいってわけではないから定着はしない。ですから中国人が日本人を理解する機会はほとんどありませんでしたからね。

陳　倭寇が出だしたころに、中国では日本とはどういう国かという研究が始まった。胡宗憲という向こうの偉い総督が「籌海図編《ちゅうかいずへん》」をつくらせていますが、そこにのっている日本の地図もかなり間違いがありますね。阿波の阿を河と書いたりしている。しかし、水戦は下手だから、倭寇は水上でたたけといった、適切な指摘もしていますな。結局、それも倭寇対策で日本とはどういう国か、という必要に迫られてであって、その後、研究の必要がなくなっていく。そして再び、中国にとっての日本研究が必要になってくるのは明治になってからですよ。

司馬　人から聞いたことだからたしかでないんだけれども、いまでも北京大学の日本を研究している学生にいろいろきいて、「源氏物語」「枕草子」を知っているかといったら、あまり知らなかったそうだね。

陳　さあ、それはどうかなあ。

司馬　つまりね、中国にとって日本文学の研究というものは、国費を投じてやるほどの分野ではないなって感じでしょう。

陳　中国には外国語学院ていうのがありますね。そこでは日本研究は盛んですよ。

司馬　まあ、語学のほうはべつのことでしょうけどね。中国にとって興味があるのは明治以後の日本であって、明治以前の日本は、自分のところのブランチだという認識がある。だから「源氏物語」とか、徳川時代の荻生徂徠とか、三浦梅園には関心がないでしょう。私が知っている北京大学日本語科出身の秀才は西郷隆盛は知っていても、大久保利通の名は知らなかった。これは一つには日本史の見方が確立していないから、充分には教えないということもあるのだろうけれど。

日本の歴史上の人物では鑑真はよく知られているけれど空海はほとんど知られていない。平安初期に僧の空海が出て、長安から密教をシステムごと日本に持ち帰った。その前に、唐代では、新中国の切手にまでなった一行《いちぎょう》という密教僧がいた。これはサイエンスのできる偉い坊さんで天文学などで大きな存在だった。一行の方はむろんより大きな認識を持たれている。ただし科学者としてであるけれども。しかし日中のあいだに一つの橋をかけた空海については非常に小さな関心でしかない。要するに中国は、あくまでも明治以後、いち早く近代化をやり出した日本に、自分たちの近代化の問題を重ねあわせて関心を持ったんだと思う。

つまり、日本について、中国人もヨーロッパ人も大きく認識を間違ったんだろうと思います。中国学は一所懸命やるけれども、日本学をやるのはやっぱり変わり者だ、あれはブランチだという考え方はいまでもフランスの学者あたりにあるし、アメリカでもそうでしょう。ところが、よく考えたら日本文化は中国文化の支店ではないんでね。

飛鳥以前の日本人というのは、非常に具体的世界にしか住んでいなかったが、抽象概念を中国から輸入したことは確かだ。戦前の日本人の好きな〝忠〟という概念も、〝孝〟

という概念も、言葉そのものは中国語だからね。その抽象概念が入って、それによって社会ができ上がった。これは確かなんだけれども、ただ中国はなにぶん遠いので書物の形で入って来て、いわゆる生活に密着している思想のシステムとしての儒教体制は入ってこなかったと思うね。

では、律令国家を作った時はどうなのか、といったら、まあ、中国をマネしたインチキなものをつくったけれども、実質はけっして儒教的ではない。第一、科挙の試験をやっていない。政治は藤原貴族が独占している。こんな儒教はないんでね。

鎌倉の成立でもって、まったく違う封建主義が出発するわけだけれども、それは中国側から見たら、ちっちゃな国がいろんなことをしているなというぐらいで、認識の外にあることですね。今後はちがってくると思うけど、いままではそういうことがあると思うんだけどね。

陳　そうね。明治の初めに、中国でいえば清末に、日本に公使館の書記官として来ていた黄遵憲が「日本国志」というのを書いている。正史の形態をとっている、膨大なものでしてね。これが日本のあらゆることを書いた最初やね。これは総理大臣の給料から何から、みんな書いてある。立派なもんですよ。しかし、この「日本国志」以前には、これといった日本に関する正史はありません。しいて似たようなものを挙げれば、「東夷伝」でしょうか。量的には雲泥の差がありますな。

翻訳語では中国より日本がうまい

司馬　産業革命がアジアに及んできて、中国が阿片戦争をしたことが、日本における幕末のいわゆる志士たちを奮起させることになるわけだけれども、日本は日本でいち早く西洋化したわけだ。それが中国にとってサンプルになったことは確かだね。

明治七年にフランスからルッソーを持ち帰った中江兆民が、ルッソーの「民約論」を兆民流に演述するんだけど、それは漢文でなきゃしようがなかったわけね。漢文にはルッソーの概念をあらわすだけの抽象性の高い語彙《ごい》があるわけだ。彼は非常に漢文のできる人だったけれども、もう一度勉強し直して、なるべく造語をつくらない、古い中国の哲学用語を使うということで書いている。これは長いものではないけれども、明治の名漢文の一つだろうと思うけど、そういう努力があったわけ。

ところが、そのあとに、どっと〝哲学《フイロソフイ》〟とかいろんな言葉が入ってきて、どんどん翻訳していく。洋学をやっているけれども、漢学の素養がキチッとある西周《にしあまね》などという人たちが、西洋の新しい概念を漢語に翻訳していくんですね。その翻訳語を大正時代ぐらいになって中国が拾う。

陳　マルクスを最初に訳したのも漢文ですってね。

司馬　中国が奮起するのは大正時代ぐらいになってからだが、同じ文字を使っているということで、日本人がつくった言葉を中国は逆輸入する。憲法、文学、哲学という言葉がそうだし、また古くからあった人民、共和という言葉も新しい概念を持って再生される。ほとんどの言葉がそうだと思うな。だから、朝鮮民主主義人民共和国という国名も、〝朝鮮〟を除いては全部明治の日本人がつくった翻訳語ですね。陳さんのおっしゃることですけれども、文明は共有されてはじめて文明といえるわけで、日本もこの点ですこし中国、朝鮮にお返しできたようでもある。

陳　共和という言葉は周の時代にあったんだが、二人の皇族がいっしょに政治を司《つかさど》るという意味ですからね。

司馬　幕末でもそのつもりでつかっていた。「君臣共和」だから共和制の共和じゃないけれど、明治二年、横井小楠が京都で保守派の激徒に殺されたとき、激徒の斬奸状では「共和をとなえた」とある。このときの共和は「史記」などに出てくる共和からリパブリックへ近づいているような気がする。

ともかく、概念の翻訳というのは、中国人がやっても日本の漢学者がやっても同じ作業になってしまうわけだけれども、同じ近代化の必要に迫られながら、どっちが先にやるかということが重要ですね。陳さんが前にいったことがあるけれど、日本は小さいから近代化が早くやれた、中国は大きいから遅くなってしまったということだろうね。

陳　あのときは中国は文化逆流と受け取ったね。ちょっと翻訳を手がけた連中でも、日本の術語にかなわなかったわけですよ。日本はエコノミーを〝経済〟、中国は〝理財〟という訳し方をしていたけれど、しだいに〝経済〟に圧倒されてしまったね。

司馬　〝経済〟っていうのもおかしな翻訳のようですな。福沢諭吉ははじめから中国の訳のとおり〝理財〟をとっている。ですから慶応義塾は大正末年まで理財科があった。〝経済〟は明治五、六年に使われ出して、六年に江藤新平と井上馨が大ゲンカしている。井上は才気だけで革命時代を渡ってきた人ですが、江藤という人は大変漢学の素養がある人で、西郷隆盛もそうだったんですが、漢学を通して西洋を学んでも大筋というか根本は理解しうるんだという自信を持っていた。当時、大蔵大輔《だゆう》の井上が〝経済、経済〟と言っているのに、司法卿の江藤がひっかかって、一体お前は〝経済〟という言葉の原典を知っているのか、〝経済〟というのは字のとおり〝経世済民〟のことだ、これは儒教の根本である。お前が使っているのは商売のことじゃないか（笑）。漢籍にくらい井上はシュンとしたそうだけれども。

陳　中国ではそういう語彙の点でも日本に押し流された。文化逆流ですね。

批林批孔の真のねらい

司馬　日本の近代化はうまくいったが、ただ日本の転換が早くできたのは、国の小ささだけではないでしょうね。儒教の影響を薄くしか受けなかった、社会体制として受け入れていなかったということがなんといっても大きいでしょう。

陳　要するに儒教は社会体制だから、近代化するにはそれをはずさなきゃいけない。しかし中国ではまだそのワクがはずれていない。

司馬　つまり、漢民族にとって儒教は自分が編み出した思想でしょう。人民を教えていくための思想でしょう。二千年かかって「論語」一つ読んできた。そう簡単にはずすわけにはいかんでしょうな。

これは余談だけど、お互いの同窓である赤尾兜子君が陳さんの厳父が亡くなられたときに、お悔みに行って、陳さんの悲しみが非常に激しいので、帰ってきて僕に、わしは中国を知っていたつもりやったが、アカンなあ、わしは親不孝やからな、って言ってたね（笑）。つまり、孝の問題一つにしても、中国の人は全身的に教えられているんですね。日本のように、親孝行せないかんそうや、という程度に薄くあるのとは違う。いろんな弊害があるけれども、中国の場合、儒教の影響は非常に濃いんだな。それを拭うには、十年や二十年ではできない。大騒ぎして拭わなきゃならないところがある。

日本の場合は漢学的思考法を学んできただけですから、上衣と同じで簡単に脱げるわけだ。要するに、儒教よりも漢学的思考法を学んできただけだから、洋学的思考法に変えましょうといったら簡単でね。江藤新平と井上馨のケンカも術語の論争にすぎない。思想の対決になりえない。そこが十九世紀末・二十世紀半ばまでの中国と決定的にちがったところだ。また、この程度ですむから明治維新ができた。ここが日本の歴史と中国の歴史のまったく違うところでもあるといえるでしょうね。

中国の側からいえば、海のむこうの日本の社会をそういう目で、つまりあいつらは単なるブランチじゃない、ということから見ないとダメだと思うね。

陳　いまでも、批林批孔というのがあるでしょう。あれを、産業革命、阿片戦争を経てきて、これじゃいかんと考え出して、最初にやったのが康有為《こうゆうい》だと思うんですよ。どういうふうにやったかというと、孔子はいいんだ、しかしわれわれが習っている儒教の経典というものは間違っている、これは新《しん》（八～二三）の王莽《おうもう》の命令によって劉歆《りゅうきん》というやつが偽造したやつだ、だからこれを捨てよう。そこから始まっているんですね。日本の場合、儒教体制を簡単に服を脱ぐみたいに脱げたけれども、中国の場合いきなり脱ぐわけにはいかないのですよ。

司馬　つまり、中国にとって儒教は膚だからね。皮膚は脱げない。生身を裂くわけなんだ。しかし、もしできるものなら、ヘビみたいに脱ぎたい。それをもしやれば、人類史上最初の大変革が行なわれるわけでね。たとえばセム族もハム族も、ユダヤ教、キリスト教、回教を編み出してきたわけで、それを全部捨てることはむずかしいねえ。ところが日本の場合は、「わたし、前はクリスチャンでしたけれども……」ということが成り立つわけだ（笑）。何も編み出したんじゃないからね。

中国は一時、批林批孔で大変だったけれど、孔子の言うことは、やがて百年ほどしたら、正統の位置が与えられると思うね。それまでは孔子を賊にしないとね、一般大衆には近代化の必要がわからないと思うんだ。康有為みたいにインテリ相手にあいまいなことを言ってたら、日が暮れてしまうわけで、一般にわかるためには、孔子の首を刎《は》ねることのほうがいいんじゃないかと、東海の国から僕は判断するんだけれども……（笑）。

復古主義の罠にかかってはいけない

陳　中国は儒教の服を脱ごうと一所懸命やってるんですよ。五四運動（一九一九）は本質的に反儒教運動ですからね。

これは魯迅《ろじん》の話ですが、彼は留学して東京高等師範の速成科に入るわけです。そうしたら、ホームシックになっているだろう、とまわりの人が孔子像を見せに湯島聖堂につれていく。魯迅は国で孔子、孔子と耳にタコができるほどお説教され、それがいやさに日本に来たら、また孔子をかつぎ出されたので、うんざりしていますよ。彼を聖堂に案内した人は、好意からだろうが、儒教に関するかぎり、日本人の中国への認識の仕方はこういう感じ方なんですね。孔子をほめると中国人はよろこぶと思っていた。

司馬　それはやっぱりトンチンカンになってくるわけでね。僕は批林批孔の論文は日中友好協会から出している「人民中国」での論文しか読んでないけれども、孔子の「論語」ではこんなところが悪いとか、「荘子」に出てくる孔子はこんなことをしているのでよくないとか、具体的に実証的に書いてある。ところが日本の知識人で孔子の好きな人は、あんなことまでせんでもいいとかいう。しかし、実際の中国の場からいえば民族の存亡にかかわるほどに深刻なんだろうな。要するに、孔子という名前を借りているだけで、皮膚を脱いでいるんだろうと思うけどね。

中国の文明は古いから、どうしようもない、だけど、これは大きな問題ですな。これは例として持ち出すのは気がひけるが、悪名高い政治事件で、汪兆銘《おうちょうめい》氏の事件があるわね。国民党政権のリーダーだった汪兆銘が日本に寝返ったということが、歴史的謎だけど、汪兆銘氏と蔣介石氏の話し合いがあったともいわれる。その工作に参加した人に、のちに少将になった日本陸軍の経理部の将校がいるんですね。士官学校出て、兵科の将校になって、あとで命令によって東京大学の経済学部を出た人です。ふつう陸軍としては、経理将校は差別するんだけれども、この人は兵科出身だから参謀本部のスタッフになっている。そして参謀本部のスタッフとして汪兆銘の問題にかかわるわけですね。この人が最近、回顧録（注・岡田酉次著「日中戦争裏方記」東洋経済新報社刊）を書いてるんですが、旧軍人にめずらしくしっかりした文章で、自分の体験でありながら、ちゃんとした学問の雰囲気を持った回顧録なんですね。

その回顧録には、そのときに関係した中国のジャーナリストとの対談を巻末に付録として載せている。汪兆銘は蔣介石と黙契があったでしょうかということが中心なんだけれども、その中で、その古いジャーナリストが、中国において対外問題を語るときに、言論の自由は秦檜《しんかい》、岳飛の事件以来、他の文明国ほど自由はないんです、と言っているんです。これは重要なことやな。

宋が異民族の帝国である金に追われて、揚子江以南に逃げ、そこでか細く余命を保っている。読書人も北から逃げて、官吏も北から逃げて、そこで強烈に起こってくるのは、異民族の害からわれわれ漢民族は立ち上がらなきゃならない、という考えですね。尊王攘夷という言葉がこの時代に成立する。

もともと中国というのは、唐の時代にはあれだけ国際的精神を持っていた。つまり中国文明に参加してくるものは、目の色が変わろうと、皮膚の色が変わろうとよろしい、官吏になりなさい、ということでしょう。

陳　安禄山もそうですね。パミールで戦った唐の将軍高仙芝《こうせんし》は朝鮮です。阿倍仲麻呂も中国で高官になった。

司馬　安禄山もむろんそうです。異民族をも取り込んでいく、という体質はローマ帝国にも多少あったかもしれないけれども、唐の長安の雰囲気ほどの大国際性はなかったと思う。いまでいえばアメリカやね。

アメリカでも、アングロサクソン優位がある。唐の長安でも、気分として漢民族優位があったかもしれないけれども、要するにキッシンジャーみたいな人はいくらでも採用されていた（笑）。それが時代がうんと下って、異民族が華北を制して、宋が揚子江以南に逃げた時期では異民族はよくないという排外思想がはじめて起こる。それまでは自分たちの住んでいるところは宇宙そのものだと大らかに思っていたわけですからね。つまり文化意識が中心だった。これは当然のことですわね。しかし宋がその故地をすててから強烈なナショナリズムが起こる。そしてそれが宋学になるわけでしょう。

宋学というイデオロギーには、基本的な大事件というものがむろん基礎にあるわけだ。それが金と妥協したのは秦檜であり、金に対してあくまでも抗戦したのは、育ちは悪いけれども武人であった岳飛である。岳飛はたいへんな忠臣であって、秦檜はどうしようもない漢奸《かんかん》である。秦檜は、僕らの東洋史の教科書に写真が出ていたけれども、石像になっていて鎖で括《くく》られている。これが宋学を生み、民族主義を生み、それが日本に影響を与えて、後醍醐天皇以来、宋学好きになり、明治維新のムードは尊王攘夷になる。

つまり揚子江以南に、遠き昔に逃げて来て、南宋で起こった民族主義思想が、はるか後代で日本に影響をもたらすわけだけれども、中国でもむろんその影響は続いていて、うかつに対外問題を論ずると漢奸になると、その人は言うわけですよ。

これは体験者が言う言葉だから、自然言葉の範囲が狭いわけだ。ですからわれわれがこれをそのままとって中国問題を論ずるわけにはいかない。しかし、この言葉を読んだとき、僕は目からウロコがおちるような気がしたな。まあ、文明というのは、お互いに人類共通のものだけれども、ほんとうを言えば、やがて国や民族がはずれていくんだろうけど、それまでは過渡期としてこういう話になるんだろうね。

陳　歴史のいろんな滓《かす》がたまって、ちょっと見ただけでは、なかなか大へんだという気がするけれど、僕はこの過渡期というのが、あんがい短いのではないかと予想するね。滓なんぞ洗い流すのは、そんなにむずかしい仕事じゃない。復古主義の抵抗はあるだろうが、歴史の流れは変えられるものじゃない。流れが大きくなると、勢いもつよく速くなりそうだ。中国の批林批孔もこの復古主義にたいするパンチだろう。歴史を研究するにも、復古主義の罠にかかってはいけない。歴史はそこから、教訓をとり出すべきもので、そこへ戻っちゃなんにもならないとおもう。戻りたいような魅力のある時代が、ほんとうにあるだろうか？　僕はなかったと信じるね。

司馬　僕が中国人であっても、心からそう思う。住民にとっていい時代などはなかった。

第二章　近代における中国と日本の明暗

（一九七四年十一月二十二日　於大阪）

司馬　また中国へ行かれたそうですね。こんどはどの辺を旅行してきたのですか。

陳　こんどは最初に東北のほうに行きました。日本の華僑《かきよう》団体の人で三十年ぶりに大連を訪れた人のはなしだと、大連は昔とまったく変わらないっていうんですね。日本のように建物壊して建てるのはもったいないから、向こうは郊外へ郊外へと建てていくわけですよ。平面に広がってゆく。だから中心部は同じ形で残ってるんですね。路地まで変わってないっていってました。上海や瀋陽《しんよう》も市街の中心部は昔と同じだといいますね。

司馬　中国の東北地方というのは何となくいいところですね。大地がゆるやかにうねっていてね、はるか向こうに山があるのかと思ったら、山ではなくて、うねっている果てがかすんでいるから山に見えるといった悠大な感じで……。

陳　やはり華北の平原とはずいぶん感じが違いますね。ところで大連では刺身が出たんですよ。昔、日本人がおりましたから、あのころ料理屋の小僧さんだった人が刺身の作り方知ってるんですよ。ところが、三十何年前のうろ覚えなわけで、ワサビのことは忘れちゃってるんだね。それを去年行った人に聞いていたものだから、ことしは僕たちは練りワサビのチューブに入ったの持って行きましたよ。

日本人の発明——タスキとハチマキ

司馬　刺身で思い出したけど、近代中国の知日派のひとりの蔣百里は「日本の対外的政治運動というのは陰謀、煽動、ワイロ、オドシ以外の手を知らない」といったんだけど、そのエッセイで、日本人の残虐さという問題について、刺身を食うことを例にあげている。いまは刺身どころか活きづくりの魚を食ってる、僕は食べられないけどね(笑)。つまり彼によれば、刺身を食うっていうことは、暴力が好きということを内に秘めている、ということになるわけだな。まあ食物と料理法で民族論をやるのはまちがいなんだけど。それにしても刺身が大連で生きてるっていうのは面白いね。

陳　中国でも、非常に限られたところですけど、浙江省《せっこうしょう》の寧波《ニンポー》の近くとか、広東のほうの一角とか、刺身を食うところはあるんですよ。

司馬　「羹《あつもの》に懲りて膾《なます》を吹く」っていう言葉があるくらいだから、やっぱり膾はあったわけだね。

陳　梅堯臣《ばいぎょうしん》の詩の中に、船の上で獲った魚をすぐ刺身にして、大根切って、刺身のつまにしたという有名な詩があるんです。

司馬　へえ。いつごろ？

陳　宋代ですよ。そのころまでは中国に刺身はあったはずなんですよ。そのあと、大きな疫病があったかなんかで、刺身は食ってはいかんというので、やめてしまったと思うんですよ。いつからなくなったんですかねえ。

茶道とか、生け花でも、昔は向こうにあったけれども、いつの間にかなくなって、いまでは日本がそれを保存しているということですよ。

司馬　いまたまたま茶道とか生け花の話が出たけど、お茶はいろんな人が中国から来たものだと言っていますが、お花だけはひょっとすると日本人が発明したんだろうと思って調べてみたら、陳さんが言ったとおり、室町時代に中国から入ったものだね。いまは草月流とか、池坊《いけのぼう》とか、ああいう形に発展をしたけど、源流は室町時代に東アジア貿易経由で中国から入ったものですね。向こうでは滅びてしまったから、こっちの独創だと思いがちだけれども……。

もっともそれも中国で始まったのか、インドから来たものなのか、よくわからない。唐の時代に、さかんにインド人あるいはインド人に近い人が密教を持ってやって来るよね。密教っていうのはきわめてインド的でね、花がよく出てくるんだ。たとえば、自分の一生の念持仏を決めるのでも、地面にいっぱい仏さんが描いてあるところへ目隠しして立ちましてね、二本の指で花を持って落とす。その落ちたところの仏さんが大日如来なら、大日如来が一生の念持仏になる。これを中国に持って来たのがインド人の混血である西域の人、不空。インドという土地は花が少ないからきらびやかに見えるのかしら、お経にも花がいっぱい出てくる。中国の詩だって花がわりあい出てくるけれども、インドのようなことはない。だからひょっとすると、生け花の故郷はインドかも知れない。

これは陳さんの言葉だけど、文明は共有すべきもので、共有されるから文明なんやね。だから日本人も、肩身狭く思わなくてもいいんだけどね。

ただ、われわれ日本人には普遍的文明っていうのはわかりにくいねえ。生け花のお師匠さんが、これが生け花でございますって、アメリカに教えに行ってる。禅の坊さんが世界中旅行して、日本だ日本だと言ってる。どう考えても歴史的に考えたら日本ではないんだけどなと思うけどね。禅は中国人が発明したもので、これはインド人でもない。中国になくなってるから、日本の専売特許みたいな格好だけれども……。オリジンをたどっていくというのは学問の世界では大事でしょうけど、まあ、文明というのは相互に影響発展させあって共有すべきものだと、大らかに思えばね、日本人は救われる。ともかく文明というものは普遍的なものであり、普遍というものは中国で学べば日本人は身にしみてわかる。

中国というのは巨大な人口と、それぞれ条件の非常に違う――農耕とか遊牧とか商業とか――地帯を持った広大な土地ですから、いろんな物の考え方が起こりうる。ということは大文明が起こりうる条件があるということなんです。これは日本とか、ヴェトナムとか、イギリスでは起こらないんで、平べったい広大なところでないと生まれない。アラビアとかね。

陳　日本は技術主義だからね。だから、襷《たすき》っていうのはついに中国は気がつかなかったもの。つまり、日本人も中国の着物を採用した。寛衣やね。乗馬にはあんなひらひらしたものはあかんでしょう。そうすると日本はすぐに襷を発明する。襷という言葉は中国にないんですよ。和字ですよ。

司馬　襷って国字か。

陳　国字だよ。中国は迂遠《うえん》なところがあってね。馬に乗るということは騎馬民族の真似でしょう。胡服を採用しなければならない。採用するのにもいろいろ紆余《うよ》曲折があってね。前四世紀後半に趙の武霊王が、自分の息子があんな野蛮人の着るものはいやややというのを説得して、やっと採用した。

司馬　胡服はつまり洋服やな。モンゴル人が着てる服。それでないと匈奴《きょうど》に勝てない。匈奴っていうのは、いまのわれわれのレインコートにズボン、ああいう服装でしょう。あれ着てたら馬上で弓が射られる。中国人はワッとした服で、こんなもの着てたら弓も何もダメで、だからそれを採用せい、といったのは趙の王様からやね。

陳　あれには時間かけているんですよ。日本人はじつに簡単に襷を思いついた。一本の紐《ひも》なんだな。

司馬　それは面白いな。日本人が発明した普遍的なものは襷と鉢巻や（笑）。孫文の秘書だった戴天仇《たいてんきゆう》は、日本人は公理がわからない、というでしょう。同文同種などという公理めかしいことをかかげて侵略という特殊なことばかりやる。鉢巻は何民族がやっても通用するから普遍的かもしれんが、日本人が鉢巻をしめるときはちょっと特殊だな（笑）。

中国の激情家の系譜

陳　戴天仇の話がでたので思い出しましたが、戴天仇の中国における一つの系譜があると思うんですよ。日本人が中国人を見ると、大陸的とかなんとか言うんですけど、そうじゃなくて、やっぱり激烈な感情の起伏のある人間が中国にもいるわけですよ。そしてこの連中を見てみると、最後に仏教に行ってしまうのね。

司馬　自分の激烈さをしずめるためには、そこにいかざるを得んでしょう。

陳　戴天仇は、終戦直後に自殺しているんですね。重慶にいたころは、仏教に凝ってしまってね。この人は中国共産党の創立時代にも関係しているし、それから一転して、極右になってるわけですね。それに自殺未遂は何べんもあるんです。

それから、もう一人詩人で、蘇曼殊《そまんじゆ》。横浜生まれの男ですけど、これも坊主になってしまうんですね。これは自殺じゃないけれども、ほとんど自殺に近い死に方をしているんです。彼も最後はやっぱり仏教ですね。もう少し前の、阿片戦争のころの龔自珍《きょうじちん》、彼も最後は仏教にいく。この連中はみな天台宗です。

まあこういうふうに、大恋愛をしたり、なんやかんやってながら、仏教に入って、しまいに何かおかしな死に方をするという一連の系譜があると思うんです。この連中は歴史をけっして動かしてはないんですよ。ただ、龔自珍なんかのように歴史の激動を予言したりするんですね。これはどうも日本人に近いようなキャラクターですよ。蘇曼殊というのは、お母さんが日本人だという説がありますけどね。

司馬　そうした激烈な感情の持ち主たちが仏教に行ったというのは面白いですね。どちらかというと、中国では道教のほうが頑張っていて、仏教は早い時期からそんなに強い流れではなくなっていくでしょう。唐の時代でも栄えてはいたけど、強いものではない。玄宗皇帝でも、仏教を選ぶか道教を選ぶかっていう段になると、道教を選ぶようなところがあるでしょう。

実際にわれわれ日本人の仏教というのは中国仏教で、けっしてインド仏教じゃないんですね。インド仏教だと万物はすべて一個の生命として宇宙を輪廻《りんね》している、宇宙を廻っている生命ということでしか自分をとらえられない、という痛烈な形而上学になってしまい、今は奴隷だけれども今度生まれかわったら、王侯貴族になるかも知れない、そういう期待だけの生命観にとじこめられているわけでしょう。それが中国に行くと、仏教は非常に現実的で、具象的な形で翻訳されていくでしょう。これは受け売りなんですけども、実際にまた翻訳語として使う言葉も、もとに老子とか荘子とかの思想があったものだから、中国語に充分訳せたわけですね。こういう下地がなければ原語でいかざるをえなかった。当然日本にもそのまま入ってきて、日本の仏教もインド的になったでしょう。

中国式国家だったヴェトナムに行くと、ああこれはインド式でなくてよかったなと思う。隣りのラオス、カンボジアに行くとインド的ですね。だから、これは虫も、オケラも、人間も、おサルも、ずっと輪廻しているというところがあるから、近代の功利主義的社会を是認するとしていえば、インド式の国家はなかなかそうはならないわけですよね。ヴェトナム、日本、朝鮮は、仏教でも、中国から濾過《ろか》された仏教を受け入れたから、一応、資本主義、社会主義の別はあっても、近代の功利主義をモノにできたと言えるかもしれませんね。しかし激情家は功利社会に絶望する。戴天仇なんかはそうだろうな。

秘伝の発掘

陳　まあそういう意味では、仏教が中国に広がる「三国志」の時代は、非常に重要な時代だと思うんですよ。その前は道教が支配的だったわけですからね。太平道がああいうふうにして滅びていって、それで五斗米道《ごとべいどう》が残るわけだけれども、五斗米道の中に仏教がずいぶん入っているという気がするんですね。このあたりに、僕は中国思想のカギがあると思うんです。

「三国志」の時代はチャンバラだけじゃなくて、チャンバラで国土が荒廃するでしょう。そうすると人心も荒廃するわけですから、それを救う努力は非常に行なわれたと思うんですね。ちょうど仏教も、直前に西域の居留民の宗教として入っていて、それがようやく広がりつつあったときですね。それがパッとあのときに広がったと思います。それに対抗するのではなくて、刺激されるかたちで道教があった。仏教という競争者がなかったら道教も発展しないんだけれども、競争者がいるから、あのころに道教は組織されたという気がするんです。

司馬　そうでしょうね。道教には仏教のような大きな形而上学、つまり宇宙観とか世界観は最初はなかったわけだから、当然それを仏教から取り入れるでしょう。ところが、ご利益《りやく》というか、効き目は道教のほうが実際にはあるということだったんでしょうな。やっぱりなんといっても仙人の作った丸薬は効くぜ、なんてところがあったと思う。仏教にはないんだ、効くぜ、というやつが……。効くというのは即物的ですよね。

道教は組織的に日本に入ったことはないけれども、いろんなものにくっついて入ってるね。日本の神道の効き目の部分を形づくっているのが道教で、神官のやる礼拝部分は儒教礼ですね。日本のお宮で交通安全のお札を売ったりするのは完全に道教の名残りですね。道教というのは、非常に即物的なわけで、日本人の薬好きというのも、道教的かもしれんな（笑）。

陳　鑑真和上が、日本が律師を求めているときいて、行こうとするんだけども、唐の玄宗は仏僧だけでなく、道教の道士も連れて行け、というんだね。日本は道教なんかいらん、仏教だけだというので、ややこしくなった。けっきょく、鑑真は密出国ですね。唐の皇室は李姓で、老子の子孫と称していたので、いやに道教を大切にしていた。

司馬　原始道教が日本化されたのは、異論があるかも知れませんが、陰陽道《おんようどう》だと思うな。

陳　そうでしょうね。

司馬　陰陽道は奈良朝の時にでき上がる。人というものは死んだら空《くう》である、というのが仏教ですけど、いや、そうじゃないぞ、死んでも鬼《き》になって、祟《たた》ったり、いろんなことをするんだぞ、というサイエンスを知るのが奈良朝末期から平安朝初期だと思うんです。これが仏教にくっついて、法隆寺の建立は怨霊を鎮めるためである、という梅原猛さんのおっしゃるところになってくるわけだ（笑）。

そういうサイエンスは道教からの知恵でしょうね。

陳　効き目といえば、こんどの旅行で瀋陽の中医学院に見学に行きました。漢方でも、いろいろな科があるわけですね。それで歯科のところに見学に行ったら、歯を抜くのに麻酔しない。目の下のところを一分ぐらい押える。指圧ですね。それから顎《あご》を押える。それで口を押えて、きゅッと抜く。ぜんぜん痛くないし血も出ない。それで二、三人抜いた。それを見ていて、僕らの団体のなかから、おれも抜いてもらうって言い出したのがおって、抜いてもらった。その人は酒飲みでね、今晩宴会で酒飲むけどいいかって聞いたら、何してもかまわない。それで日本に帰ってから知りあいの医者に話したら、血管押えているのと違うかっていうんですね。しかし血管押えても痛いはずだと思うんだが、みんなが見てる前で、痛くないっていうんだから、本当なんだろうな（笑）。

こうした技術は、昔は秘伝として伝わっていたと思うんですよ。あとで聞いたら、この抜歯技術は瀋陽の中医学院が開発、もしくは発掘したものらしい。昔からそういう秘伝が各地にあって、それを公開するとメシの食い上げになるから、公開しないで死ぬまでやってるわけね。子供がおったら子供に教えるけれども、なければそのまま滅びたという秘伝がいままで非常に多かったんですね。それを公開してももうメシの心配はないからというので公開するようになった。その秘伝のうちの一つがあれだと思うんですがね。

それから、日本の鍼《はり》は入れてすぐ出すでしょう。僕が西安でやってもらったのは、体いっぱいハリネズミのように鍼をさしてね、それで三十分ぐらいほったらかしよる。ちょっと日本と違うんですけれども、それがよう効くんですよ。パッとさしたらピピッときてね。すごいわけですよ。ですから、自分たちの医学がすごいという自信は昔からあったのですね。ところどころにそういう秘伝を持った医者がいた。その漢方医に対する信頼というものは、たいへんなものだったと思うんですよ。

日本には名医がいなかった……

陳　これは僕の説なんですけどね、つまり日本の幕末の進歩主義者というのは蘭医、つまり蘭学をやっていた人ですよ。中国では、西洋の学問をやる医者はいなかったですわ。漢方でも効くんだから、よそのことをやる必要はない。十九世紀なかばごろの中国人で、外国語が読めて、西洋学をやっている人というのは、医者じゃなくて、天文暦算の輩《やから》で、彼らは世間離れしているわけですよ。天空のことをやってますからね。ところが、日本で西洋学やった人はほとんど医者で、患者と接して、非常に世俗的なんですね。そこが違うと思うんですよ。そういう医者は、王侯貴族なんかの脈を見たりして、影響を及ぼすでしょう。天文暦算は暦つくったりするだけで、直接にはだれにも影響を及ぼさんわけですよ。だから警鐘を打ち鳴らすことはできなかった。これは漢方のすごさというよりも、漢方に対する民衆の信念と力がかなりあったということだ、と思いますよ。

司馬　なるほどね。

陳　漢方信仰ですね。北京の、あるいは南京の何々という先生のところへ行けばこの病気は必ず治る、という信仰ですね。実際には行けないんだけども。

司馬　歴史的日本の場合の漢方医にはそういう卓抜な名医というのはいなかったような気がする。神経痛ならあの先生、痔ならこの先生のところへ行けば一ぺんで治ってしまうというような。

徳川慶喜《よしのぶ》は二十何人かの子供を作ったけれど、成長したのは数人ですよね。あの階級の家でこれだから、いかに名医が少なかったか、病気を治すことにかけては天才的だという名医が。日本の場合、病気を治すということより、関心が解剖とか病理とかの方へ行ってしまう。語弊を恐れずに言うと、この点、十八、九世紀ごろの日本人は分析的で、中国人は総合的である、これは両国の癖《へき》の問題ですね。

「解体新書」が出る前に、山脇東洋という京都の御所出入りの漢方医が人体の解剖をしてるんだ。中国から伝わっている解剖図をずうっと見てきて、どうもこれは不合理だというんで、かわうその内臓が人間に似ているというもんだから、かわうそを数十頭も解剖をやる。しかしかわうその直腸と人間のとは違うという感じを持ち続けて、なんとか人間のを見てみたい。それが五十歳になってから許されて、京都の粟田口《あわたぐち》でやった。それは非常に先駆的であったとか、勇気があったとか、科学的であるということで、それも蘭方医ではない漢方医のかれがやったということで、いまでも感動的に書かれているし、私も感動する。だけど山脇東洋がどんな患者を治したとか、死にかけている人を治したとかいう話はないな。このへんが中国とちがうところなんですね。

それでは大坂で蘭学塾を開いていた緒方洪庵《おがたこうあん》はどうだったかというと、かれはオランダ語の修得者で、これはべつにオランダ人から習ったわけではないから喋れない、文字オランダ語の修得者なんですけれども、それで得た病理学と、カエル、ブタ、ウサギなどの動物解剖、この二つで非常に人気があった。あのころの病理学というのは、まだ細菌が病気を起こすなどということがわかっておりませんでしたから、いまから見れば実に簡単なものですけれども、塾生たちにしてみれば、これを身につければ一応わかった気になる。福沢諭吉も、さあ、これでおれは天下の学者だぞ、って書いている。それで江戸へ教えに行くんだ、と勇んで出かける。要するに、人間の体の中はどうなっているのかといった好奇心の歴史なんですね。むずかしい病気を治した、というような話はあんまり聞かんわけ。

陳　中国には、肉体に対してタブーがあるという感じがするんだけどね。だから解剖するのはもってのほか、ということはあったと思う。刑罰で陵遅《りょうち》といって、一寸刻みの見せしめのやつはやるけどね。肉体は触れちゃいけないものだという感じがあったと思いますね。
一九二〇年前後だったか、ロックフェラー財団が北京に協和医科大学病院（現在の首都医院。北京原人を保管していたことで有名）をつくるとき、解剖用の死体がじゅうぶん入手できるかどうかが、関係者のあいだで一番心配だったそうですね。
それからまた、これは中国の体育関係者の話だけど、中国ではたいていのスポーツはすでにやっているか、それとも将来やろうとしているのだが、ボクシングとラグビーだけはやるつもりはないというんですね。殴り合ったり、肉と肉とがぶつかり合うのは、野蛮きわまると信じているらしい。

司馬　なるほどね。

裸に対する拒絶反応

陳　それでね、中国を旅行してまして、一番感じましたのは、日本ではふつう人間の生活の隠さねばならないとされている部分を隠さないんです。香港《ホンコン》に行きましてもね、道のまん中にテーブルを出してメシを食う。メシを食うのは人に見られてもぜんぜんおかしいことじゃないわけ。寝台車にもカーテンがない。見られて恥ずかしいかっていう感じ。

司馬　かつての南ヴェトナムでも盛大に路上でメシ食ってたな。あれは中国の影響やな。

陳　だいたい中国の亭《ちん》ね、東屋《あずまや》、これには昔から名建築がたくさんある。王羲之《おうぎし》の蘭亭とか、蘇州の滄浪亭《そうろうてい》とか。今度蘇州へ行きまして、拙政園の繡綺亭《しゅうきてい》を見ましたが、これも名建築です。亭というのはご存知のように壁がない、柱と屋根だけですが、日本にはこの東屋の名建築というものがない。壁がなければ、中がのぞかれないのでなければ建物とは認めないわけですね。茶室でも時雨亭といえば亭がつくけど、これは亭ではない。

司馬　どの角度からでも内部が見えるのが、ほんとうの亭ですね。

陳　食べること、寝ること、そんなことは見られても恥ずかしくはない。だいたい公衆便所にドアがない。

司馬　これは西洋でもある時期まではそうだったらしい。

陳　こういうことは恥ずかしがらない。それで瀋陽でだったですかね、方々を案内してもらって、最後にご意見ありますかって聞かれたときに、だれかが洗濯物を隠したらどうかって言ってね。蒲団はいいけど、下着はせめて表通りではなく、裏通りにでも干したらどうかって。けど、むこうの人はわからないわけですよ、なんで隠さんならんて。これは人間が着ているものでしょうって言う。でも肌着じゃないですか、かっこう悪いでしょうって言うと、そうですか、考えて見ましょう、って言ってる。そういうものを隠すという感覚は生活の中にないんです。で、こういうことが全部通用するかというとそれがそうじゃない。お風呂屋ね、銭湯で「浴池」というのはどこへいってても個室式になってるんだ。どんな下町でも他人といっしょに入る風呂屋はない。他人に裸を見られるというのは恥かしいことなんですね。「史記」の中に、晋の文公が流浪時代に裸をのぞかれて怒り、あとで征伐に行くというようなことがある。人間というのは肉体じゃない、という考え方があったという気がしますね。

司馬　そうでしょうな。

陳　仏像なんかでも、インドから豊満な仏像がくるでしょう。中国ではだんだん細くなって、洗濯板みたいに平面的になるんですよ。あれは気候のせいもあるでしょうけど、インドでは衣装はないが、中国は豊かな広い服を分厚く着て、なるべく肉体が外に出てこないようにする、ぴったりするものも嫌うんですよ。

司馬　裸になるというのは、異様なぐらい嫌うらしい。裸の人間を見るというのはショックなんだね。男の裸ですよ（笑）。まして女の裸は大変だろうけれども、つまり裸になっているやつというのは、中国の伝統的文化意識からすると、これは野蛮人なんだ。

陳　靴下も、絶対はかんといかん。

司馬　肌を見せない。これは朝鮮とヴェトナムに伝わっていて、金達寿《キムダルス》さんがよく言うんですけどね、若いころソウルで下宿していたころに、あんまり暑いんで井戸端で水をかぶっていたら、下宿の死にそうなばばあが、女の前でそんなことをするとは何ごとだ……(笑)。朝鮮の人は夏でも絶対に人前で裸にならない。ヴェトナムでもそう。ヴェトナムがどのくらい中国的であるか、私は行ったときにレストランのボーイさんやタクシーの運転手さんにも聞いてみましたが、裸にならないという。ヴェトナム人は古い時代の中国の記録では裸だったような感じがしますけど。

日本人というのは、中国からいろいろ学んで、生け花まで学んだけど、中国の本質は学んでないんですね。裸はいけないということは、非常に根源的な哲学と関係づけられるものなんですね。それが、日本ではどんどん裸になっている。真夏は素っ裸で、褌《ふんどし》一つで冷や奴食べている。「夕涼みよくぞ男に生まれける」なんていう川柳もあるくらいだからね。

それから倭寇《わこう》も裸で出かけて行く。「倭寇図絵」なんか、裸をもって倭寇としている。倭寇の中でも服を着たやつはいたと思うけれども、それだと倭寇にならないんで、素っ裸であってはじめて倭である。倭というものの印象はやっぱり裸ですな。

陳 中国では、裸を見せるというのは、非常に強烈な感動のときなんですね。陳勝《ちんしょう》・呉広《ごこう》が引きつれた兵隊に造反を呼びかけるときに、期日に間に合わないから、行っても殺される、ここで造反起こそうと言って、賛成するかって言ったら、みんな片肌脱いだわけだ。

司馬　あれはあの時代の楚人の風かな。ともかくその「肉袒《にくたん》」というのは上半身裸になるというだけのことだけど、日本人の切腹に似た激しい行為らしいですね。

陳　あれは、たいへんな意思を表明したことなんですよ。だから中国では、解剖は考えられなかったんですよ。非常に憎んだやつの肝《きも》をとって食うとか、「水滸伝」にたくさん出てきますけれども、それは学術的な解剖と違うわけですよ。

開国は元禄時代がよかった

司馬　裸の問題ひとつを取り上げても、中国は周辺の国々に多大な文明的影響を与えているわけで、中国人ていうのはすごいところがあるんだね。だから在来の中国大陸になかったものを持ってくる人間は、たとえそれが優れた西洋学であろうと、野蛮人のものだ、という考えがあったのだろうね。なかなか認めようとしない。だから、こうした中華思想が打ち破られるのには、長い時間がかかったと思うな。

西洋文明は最初技術というか、道具の形でやって来ますね。具体的にいえば兵器と船――これは普遍性が具象化された物、と言えますよね。だれが見てもその威力がわかるし、だれが使っても、たとえば子供がピストルの引き金を引いても、大の男を倒せる。この兵器というものは、遅れて近代化を始めた国にとっては、実にチャーミングなんです、ロケット砲などといった物騒な殺傷道具でもだれが使っても同じ効果であるというところが。これには普遍性に対する憧れがあると思うんだな、僕はヴェトナムへ行ってみてそれを感じたな。

で、日本はどうだったかと言うと、嘉永六年に蒸気船が来たとき、ああ、これを作ろうって二年後に薩摩と肥前と宇和島が作ってしまいますね。それは便利だからって言うより、普遍性への憧れやね。それが技術の形になってるわけ。中国にだってそれがどんと来ている。けど中国人の場合はその技術の向こうに西洋的普遍性というものがあるだろうと考えた。そして普遍性ならオレとこの方があるぞ、と思ったために百年かかったわけです。日本は蒸気船見てからたった二年間で作ってしまった。普遍性じゃなくて、道具そのものをね。面じゃなくて点をす早く作っちゃうわけで、いつまでたっても面がわからない。これが日本と中国の違いで、中国は自分の普遍性を持っていたために、近代化に時間がかかった。アラビア人はあと何年かかるかわからない。当分、石油を武器にするしかない。日本は技術・技能主義で受け入れが早かったのは文明を知らなかったおかげ(笑)、文化は知っているとしても……。

また日本が十九世紀に開国したというのも不幸だったな。それまではそうでもなかったんだけど、このころになると西洋もすごい侵略時代に入っていた。つまり富国強兵の侵略主義が国家学としてのモダニズムである、という受けとり方をした。それが明治以後ずっと抜けきれなくなってしまった。

　こういうことを考えると、日本はやっぱり元禄時代に開国すればよかったと思う。元禄時代に黒船が来てたら開国しましたよ。徳川幕府は倒れます。簡単です。さらに歴史にもしがいえるとしたら、戦国のころに入ったキリシタンをそのまま大事にしていれば、世界性が身についたかもしれません。近代中国のカトリック、近代朝鮮のカトリック、これはみんな世界性があるから歓迎されたわけでしょう。いまでもソウルはカトリックの金城湯池の一つですが、それは近代の朝鮮人が、自分は微弱である、小民族である、日本人に合併された、となげくときに、世界性へ自分を浮上させるにはカトリックが必要だった。カトリックの効用というのははかりしれんですな。

　もっともあの時代のカトリックは大変侵略的で、当時の日本の支配者がそれを追い出したのはその面においては当然だったし、賢明でもあったわけですけれども……、しかしあの当時の船でやってくるわずかなポルトガル兵やイスパニア兵に日本が征服されるはずがない。

　つまり、天文・天正のカトリックをなぜ日本は無にしたかということはくりかえし残念ですね。そのままでいていまも三割ぐらいがカトリックでおるとしたら、太平洋戦争を起こさなかったかもしれんな。情報がオープンに入ってくる。それから世界人みたいな意識がある。やっぱり普遍とは何ごとかということは、体でわかるでしょう。僕ら普遍とは学校に行ってみんな習うけど、普遍という言語を学んでるだけで、普遍ということは日本でうまれるとわかりにくいですね。普遍を知らないと、中国もわからないわね。中国は国家というより多分に普遍的世界なんやね。少数民族をいっぱい抱えているからという問題もあるけどね。

普遍的世界って何かっていったら、寝て働いて食うことでしょう。昔、中国では「吃《チー》飯了嗎《ファンラマ》？」――つまりメシ食ったか？　っていうのが挨拶だ、とよく聞きましたけど、メシというのは大事だということになっていて……。

陳　オレはこんなに食ってるぞ、いうデモンストレーションだと言って……。

司馬　そうなのか、それともメシが生活意識の中心になってるのか知らないけれど、メシが中心になってたら、ナショナリズムは起こらない。ナショナリズムってのは飢えなんだから……国家の要請なんだからオレは貧乏して欠乏に耐えている、それがナショナリズムなんだから。蔣介石が日本に留学していたとき、日本のこれに驚いたらしいけど、中国にもナショナリズムを植えなきゃならないって感動したらしいけど、考えてみるといまの中国はメシを食うことから始めようというところがあるね。やっぱりメシの方が普遍性があるね。人間は寝て食うことやないぞという、日本式の「武士は食わねど高楊枝」になるところが、悪しきナショナリズムの出発になるのかも知れませんね。

陳　いまでもときどき道端であったときなど「吃飯了嗎？」はやるけど、それは挨拶

という より本来の意味でだね。いまは「你好《ニーハオ》！」これは昔はそれほど普遍的ではなかったね。

司馬　僕の習ったころの中国語にはなかった。

陳「你好」もどこかにあったわけです。それを採用した、新しく作ったんではなくて。いまさかんに漢字の略字化をしていますけど、あれもたとえばいろんな農村あたりから投書が来たりすると、字のまちがっているのがある、そんなのから委員会が採用したりする、これおもしろいんじゃないかって。だからあの略字もテストでしてね、もっといいのが出てきたらいつでも変えるということです。

康有為の誤算

司馬　話がとぶけどね。さきに出た康有為（清の学者、政治家。戊戌政変の中心人物。清朝政治の改革を唱えた）というのは、評価がマイナスの評価しかないんだけれども、康有為の若いときというのは、あのころの日本人にはいない人間やね。日清戦争・日露戦争の間にかれの思想が成立するわけだけれども、その間に中国は西洋にどんどん侵略されて、そのときにかれは官吏兼思想家、及び運動家のわけでしょう。それで大同思想というのを考えるんですね。

理想社会を考えた人は日本人にもいる。いますけれどもマルクスとか科学的な理想社会を考えるのですが、康有為は外からのものではなく中国のワクの中でがんばるわけだ。

この大同思想というのは、やがては革命のむしろ歯止めになってゆくんだけれども、出てきた当座は、中国の青年は、きらびやかに康有為を見たと思うな。

つまり、「礼記《らいき》」にある大同の世の中というのは最終の理想社会、実際には堯《ぎよう》・舜《しゆん》の世のことですけど、そこでは君主というのは、アメリカの大統領みたいに、公選である。また人に分けへだてがなくて、自分の子も他人の子も同じにかわいがる、自分の親も他人の親も同じに尊ぶ。が、堯・舜の世から下ってくると、自分の財産は大事だ、自分の子は大事だとおたがいに生存競争が激しくなる、それで礼が必要だ。つまり理想社会よりも、すこし落ちる社会になってくると礼が必要である。だから孔子は礼をやかましく言う。

しかし、康有為は孔子の徒であるけれども、ここで、理想社会というものはそう一足とびには行けないということを考えるわけですね。理想社会に到達するための第一歩として、まず立憲君主制をやろう。これが康有為の間違いだった。孫文のようにいきなり共和制を考えればよかった。堯・舜の世に近いものが共和制だから。ともかく維新の志士で普遍的な思想を考えた人はまれだが、康有為は救国を考えるについてまず思想を人類に広げて考えることからはじめた。しかし皇帝を残すという立憲君主制はまずかったな。康有為は何であんなことを考えたのかな。康有為は、科挙の試験通ってますか。

陳　通ってます。

司馬　通っていたために保皇を考えたんだな。

陳　いや、試験受けるときに光緒帝への請願書（公車上書）を出したんですよ。

司馬　だから、プロセスの中に、やっぱりつい満州朝廷を保存しようという立憲君主制的考えがあるんですね。それで、立憲君主制は明治維新のまねですね。

陳　明治維新とピョトル大帝の影響ですよ。

司馬　ピョトル大帝が、皇帝でありながら上から変法《リフォーム》をやった。明治維新は下級武士がやったけれども天皇をかついだ。清朝でも皇帝がおるじゃないか、これで憲法さえつくれば近代国家が結構できるんだ、という考えがあったと思う。

日露戦争で日本が勝つでしょう。日露戦争の前に康有為は言ってるんだけれども、日本が勝ったら立憲君主制によるものだという自分の説は正しかった、と思うわけだね。

康有為の写真見てると、河井継之助に似てるなと思うんだけれども、二人はむろんずいぶん違う。どこの点で違うかといったら、二人とも思想的人間だけれども、康有為のほうが思想性がすごいな。つまり、日本では政治技術者、法律技術者、学問的技術者は育つけれども、思想家はなかなか育ちにくいでしょう。中国っていうのは、古代に理想社会というイマジネーションがあったために、育ちやすいのか、それとも本然のものなのか、思想家が育ちやすいんですよ。康有為は現実の世界で走りまわっている運動家でありながら、同時に政治家であったこともあるのに、ちゃんと思想家であり得ているというのは面白いね。一方河井継之助のほうはより軽快やな、第一、保皇思想がないな。

陳　康有為は、あれは広東出身なんですよ。若いときから、西欧の影響を受けているわけですよ。香港がイギリスに割譲されておりましたからね。西欧が近くにあるわけです。

当時、朱次琦という広東随一の大学者がいるんですよ。太平天国の洪秀全《こうしゅうぜん》が何べんも広州の試験受けに来ては落ちてたんですが、そのときにその朱先生の公開講義を聞いて、すごいショックを受けるわけですよ。それは世の中だんだん良くなっていくんだという三世《さんせい》の説です。ところが、儒教の教えでは、昔ほどいいわけですよ。孔子は周の時代が一番よかったというけれども、だんだん世の中というものはよくなるのだ。それを聞いて洪秀全はショックを受ける。

康有為も、ショックを受けて、この先生の門下に入るんですけれども、かれが朱次琦の門下に入ったときは先生七十過ぎている。洪秀全が朱次琦の講義を聞いたときは、三十ぐらいの新鋭学徒や。康有為はやがてこの先生に学ぶにたりずと出ていって、西洋学を一所懸命にやる。

司馬　漢訳化された西洋学ですね。

陳　それで一所懸命勉強やって、試験受けに行って、何回か落ちるわけですよ。広東と北京を往復しましてね。

そして、日清戦争の直後に「公車上書」をやるんですね。何年かに一度、科挙の進士の試験をやるときに、全国の秀才が集まってくるんですね。将来のエリートが集まってくる。かれらに演説をして、中国は日本に負けた、これは国を改革しなきゃいけないと、いまでいったら署名をとっていくわけですよ。こわくてやらなかった人もいるけれども、ずいぶん集まったんですよ。進士の試験を受けるまでに、かれは学者としても名が通ってるんですよ。進士の試験は非常にむずかしくて四十、五十の人もいる。日本でいえばすでに京都大学のだれそれといった名の通った人も受ける。その中でかれの指導によって、たくさんの署名を集めて、かれはそれを自分の政治的背景にしたわけですよ。

ところが、かれの理想は、日本とロシアですよね。明治天皇とピョトル大帝。それで、いま中国がこういう状態になっているのは、西太后《せいたいこう》が悪いんだ、わけのわからんおばはんが取り巻きと一緒に政治をやっているからいけない。光緒帝を立てようということになる。しかし、光緒帝には、実権が何もないわけですよ。康有為はこの光緒帝をかつぐためにいろいろやったんだけれども、間違いだったのは袁世凱《えんせいがい》を頼ったことですね。

司馬　そうそう。

陳　やっぱり武力でやらんといかんということはわかっていて、武力を握ってるやつの中で、ちょっと開明的なやつはいないかと探したら、袁世凱がいた。しかし、結局袁世凱の裏切りによって、戊戌政変《ぼじゅつ》（一八九八）でつぶれてしまうんですけどね。人を見る目をあやまった。
康有為はやっぱり体制内革命を目指したわけでしょうね。

司馬　そうでしょうね。体制内革命というのは変法ですから。いまは簡単に言えるけれども、中国何千年の歴史で、体制を革命したというのは現在の中国以前にないわけでしょう。

変法第一号・譚嗣同

変法で思い出したが、康有為のシンパの譚嗣同《たんしどう》（清の思想家、立憲君主制を主張して戊戌変法に参加、西太后幽閉を計画したが失敗して刑死）が死刑になるときに、中国は何千年の歴史を持っているけれども、一度も変法したことはない、変法せんとして自分が死ぬのは本望だ、血を流さなきゃいかんというなあ。

陳　いままで血を流したのがいない、その第一号になろうというのが譚嗣同の考えです。変法のときにみんなイギリスの公使館に逃げてね。康有為も梁啓超《りょうけいちょう》も逃げたんですよ。ですから譚嗣同も逃げれば逃げられたんですよ。公使館は治外法権だから、日本の公使館に逃げなさいと言ったら、いや逃げない、死刑になろう、いままで革命で血を流したものがわが国の歴史にない、それが中国の最大の病根だった。それを治すために自分は最初の人間になる。それで死刑になったわけですよ。この譚嗣同も仏教ですよ。これがまた天台。

司馬　仏教という形而上世界に参加するというのは、それだけですでに中国人としては変人やな。

陳　これが在理教という秘密結社とも関係しているね。そういう激情家というのがあるんだ、あの連中の系譜のなかに。譚さんが手を合わせて拝んでいる写真があるんですよ。

司馬　とにかくこの場合、易姓《えきせい》革命という、西洋のレボリューションを翻訳した革命じゃなくて、変法という言葉をわざわざ言ったように、これには特別な意味がこめられていたわけだ。変法のほうが重いと見たわけだ。つまり易姓革命だけでは新しい王者が出るだけだから、変法こそ大事だと思ったわけだね。これは明治維新から続いておって、日清・日露戦争をやった隣りの小国を眺めて、これは変法による威力である、だから変法というものは猛烈に神秘的に信じられたんですね。その中で、譚嗣同はみずから死んで変法の士たらんとした。

この変法願望の時代というのは、日本が中国人にとってカッコよく見えた中国史上唯一の時代ですね。中国と日本の歴史というのは、前章の陳さんとの対談で、中国は日本を知らん、日本については、倭寇があまり暴れるので勉強しようかいなという程度のものだったけれど、ある時期、つまり日清戦争から日露戦争、大正初年ぐらいまでの日本というのは学ぶ対象というか、アジアの模範として日本が存在した。だからアジアにとって日本が、カッコいい時代がわずか十数年だけどあったということですね。あとは日本の侵略主義が始まるから、どうしようもない加害者としての日本があるだけだけども……。

陳　あのとき、中国は日本を非常に研究していましたね。康有為が光緒帝に上書したとき、日本の明治維新の様子を話しているわけですよ。また譚嗣同が捕まる前に、梁啓超が日本に逃げろとすすめに行ったんですね。そのときの譚嗣同の言葉のなかに、「きみ西郷たれ、われ月照《げっしょう》たらん」というのがあるんだ。月照は死んで、西郷は助かる。日本人が故事として中国に伝えられているのはこれくらいのものですね。

司馬　西郷・月照の話は中国史の正統の事例として遇されたわけやな（笑）。

陳　おれが月照となって死んでしまうから、お前は西郷となってやってくれと譚嗣同は言ってるんですね。だからずいぶん日本の維新の歴史は研究しているわけですよ。

西郷を理解する中国人

司馬　まあ、僕は現在も「翔《と》ぶが如く」（文藝春秋刊）という小説を書いてるんですけれども、西郷の評価が非常にむずかしくて、いまでも考えれば考えるほどわからなくて。しかし、近代中国人はわりあい西郷を評価しているでしょう。それで中国人の評価を探したんです。二人探したんだけれども、一人は左宗棠《さそうとう》（清の武将、曾国藩に従い太平軍鎮定に大功をたてた）という曾国藩、李鴻章の時代の武将ですな。

陳　かれは林則徐が目をかけた人物ですよ。曾国藩の弟子だったんだけど、かれとは後に非常に仲が悪くなった。

司馬　そうそう。要するに在野のインテリですね。

陳　これは進士じゃないですよ、挙人です。そういうコンプレックスもあったと思います。

司馬　左宗棠は将軍でありながらめずらしく国際感覚もあったんですが、ナショナリズムで立ち上がって、武にあらずしてはどうしようもないと義勇軍を組織した大将の一人ですけどね、大変な人物だったようですな。西郷が死んだときに、たまたま中国に来ていた日本人にかれが会ったとき、日本という国はしようがない国だ、西郷のような人を殺した、こんなことをしてダメじゃないかと言った。つまり左宗棠の頭には、日本も中国もそうなんだけれども、永遠の問題としてロシアということがあるんですね。当時はロシアの重圧に反撥《はんぱつ》するグループ、それに対して親露的になるグループ、そう分かれた時代です。左宗棠は反露的なんですね。

陳　いまの中国では、左宗棠の評価は、太平天国を鎮圧したから……。

司馬　悪いわけね。

陳　だけど、かれは伊犂《イリ》問題で、当時の中国の実力としては有利に解決している。

司馬　つまりロシアというのは、中国、アジアの害だと思っていた。ところが西郷を左宗棠が気に入ったのはたまたま徹底的に反露主義者だったからだね。西郷の征韓論は朝鮮半島をとりましょうということじゃないでしょう。とらないといってもいいぐらいの征韓論だと思います。朝鮮に足場をつくって、シベリアに出てコサック兵をつくるということですね。日本三万の士族をシベリアに配置して、コサックの砦《とりで》をつくって、ロシアの東遷を防ごう。それで左宗棠は、そんなやつが日本に出ているのに、殺したというので、出会った日本人に怒るわけです。

陳　左宗棠はね、林則徐に会っていろんな話を聞いて、林則徐の推薦で出て行った人ですからね。林則徐は阿片戦争で責任とらされて新疆《しんきょう》に流されるわけね。それでウルムチや伊犂をぐるぐるまわって、開墾の監督をして、ずいぶん勉強しているわけですよ。かれが言うのに、イギリスは中国の大患にはならない、俄羅斯《おろす》だ、つまりロシアだ、これが大患だということを言ってるわけですよ。そのことは、おそらく左宗棠とも長沙のほとりの舟のなかで、一晩か二晩語り明かしているわけですから話に出たはずですね。ちょうど林則徐の死ぬ一年前です。遺言とみてよいだろう。俄羅斯というのは、かれの日記にも出てますよ。ロシアは大患になるぞ。

司馬　俄羅斯というこの国名表記はすぐに日本にも伝わっている。橋本左内が死ぬ前に、ロシアと結ぶべし……と言っている。号まで〝俄〟という字を使ったりして。

陳　李鴻章（清末の政治家。曾国藩の幕下となり、太平天国の乱を鎮圧し、辛くも清朝を滅亡から救った）は親露や。

司馬　孫文が晩年に、日本にたいした期待はしてないけれども、多少のパートナーになることを期待しているわね。それで第一次大戦の真っ最中にロシア革命が起こったでしょう。そのときに、ロシア革命政府が、中国における旧ロシアの権益をすべて捨てるといって宣言したわけでしょう。孫文はそのときに非常にロシアに傾斜する。だから晩年は、死ぬときにはロシアに遺言書いておりますね。つまり親露であろうと反露であろうと、お互いに別に深い意味はないんだ。ただ、ロシアというのはアジア人にとってより多い害か、より少ない害かということだけで、重っ苦しい二階の住人という感じなんだ。

それで、西郷の話なんだけれども、左宗棠と、もう一人西郷をよく研究してる人がいてね。西郷というのは悲劇の政治家である、かれは敵に殺されずに自分の学生に殺されたという。

まあそれだけの文章なんだけれども、何となく愛情のある文章を書いている。なぜ中国人で西郷を好む人がいるかと考えてみたら、西郷そのものが中国的なんですね。

陳　そういうところがあるね。

司馬　西郷には日本的でない部分が多い。西郷がいまでも人気があるのは、日本の武士道のもとじめみたいなところがあるでしょう。江戸武士道というのは江戸期の知的なものですから、知的なものの蒸溜水みたいなところが西郷にはある。ところが知的なものというのは何かというと漢学でしょう。西郷のよって立つところは漢学であってね。それで西郷は、あれほどワシントンが好きでありながら自分が大統領になろうとはしなくて、やっぱり中国風の補弼《ほひつ》の臣になる。限界といえばそうだけど。

陳　王佐《おうさ》の臣になろうとするわけですね。

司馬　その王佐のモデルというのは中国にはいっぱいある。それを西郷は自分の政治学としていた。西郷自身の人格も非常に無私である。中国の官吏の理想というのはやっぱり無私ですから、中国人に西郷はわかる。だけど、大久保、伊藤博文はちょっとわかりにくい。まして大正時代の政治家は、まったくゴロツキの仲間みたいに思うでしょうね。だからひょっとすると、中国人で日本の長い歴史の中でわかる人物といったら、西郷だけじゃないですか。

陳　譚嗣同が「きみ西郷たれ、われ月照たらん」といったそのときの言葉は、「死ぬのは易《やす》きにつく、月照は易きについた」という言い方なんだ。だから、西郷はえらいむずかしい道を選んだということですね。だからおれはやさしい道を選んで死ぬ、きみは西郷というむずかしい道を選べということなんだ。

司馬　実際をいうと、月照は西郷と船を浮かべていたら、西郷は絶望的になってね。西郷は周期的に鬱《うつ》になる人ですからね。それで月照と心中しようとする。しかし心中を強いることはできない。月照が船端で立ち小便しているときに抱いてとび込んだんだから、無理心中です。西郷はそれを一生苦にしていて、月照の命日には自分の好きな鶏卵を食べなかった。

陳　そういうことは伝わってないわね。憂国の志を抱いて死んだことになっている。譚嗣同というのは、大エリートなんですよ。それで、親父が息子がかわいいから、いろんな人に紹介した。それでほうぼう歩いてるんですよ。新疆まで行っている。鏢客《ひょうかく》というのは中国では用心棒のことですが、その親分と北京で仲よくなって、その人の紹介で、ほとんど全国くまなく歩いてるわけですね。だから譚嗣同は肌で中国の各地を見ていると思うんですよ。それで西郷の気持はわかるというようなところはあったと思うね。

司馬　なるほど。

陳　しかも、戊戌変法というのは百日変法で、譚嗣同についていえば、病気で寝ていたんだけれども、こいといわれてやっと来て、関係したのは最後の七日間だけですよ、かわいそうに。

司馬　康有為、梁啓超、譚嗣同、これらのグループのやった百日変法というのは面白いな。かれらが擁しようとした清朝の光緒帝は、長い長い中国の歴史の中の最後の皇帝だけれども、明治天皇と在位の期間がよく似ているな。明治の初年に四歳か五歳で皇帝になる。それで大正の初めですか、死ぬわけですね。もっともその間、西太后にさんざんいじめられて、幽閉されたりしていますが。

陳　死んだのは、明治の終りです。

司馬　ところが、西太后の目を盗んで、自分が独裁できるようなすきがあったときが、二十代のある時期にあったでしょう。それが百日変法のときですね。そのとき、さっき陳さんが言った譚嗣同らが袁世凱と結ぶ。袁世凱というのは北京にいる師団長だからね。このおっさんの武力を使えばいい。しかし、袁世凱は保守派に密告してしまったので、かれらはかえってがんじがらめになる。維新は百日でおわった。

袁世凱というおやじの一生は、全部裏切りの一生だからな。僕の中学校の歴史の教科書にも袁世凱の写真は載っていた。僕は数学の嫌いな生徒やったから、数学の時間にそれを出して、洋服のボタン数えてみると、十三個あった。中学の数学でおぼえているのはそれだけだな（笑）。しかし、袁世凱ほど悪いやつはめずらしい。

陳　ちょっと悪すぎて面白いところもあるんだ（笑）。譚嗣同について補足すると、かれはいろんな文章残してるけど、この文章でかれを判断したらかわいそうだと思うことがあるんですよ。かれの遺書には、「皇帝万歳」といった意味のことが書いてあるんですけれども、大官である親父を巻き添えにしたらいかんから、そういう配慮があったと思いますね。いまの中国の評価は、戊戌政変については、なまぬるいという考え方があるんですね。だから譚嗣同については、いまちょっとブランクみたいになっています。

〝薩摩人は中国人である〟

司馬　変法の話が出たところで、これは前章でも触れましたが批孔批林の話を整理しときたいんですけれども、まあ批林というのは、李鴻章や袁世凱、段祺瑞《だんきずい》といった武力による国家ハイジャックに対する警戒ということでしょう。それで批孔というのは最初は陳独秀ですか。

陳　洪秀全（太平天国の首領、のち戦いに敗れて自殺）といった方がいいんじゃないですか。もっとも五四運動（一九一九）のときは完全にそうです。だから批孔といってももう六十年に近い……。

司馬　歴史がある。五四運動は、孔子の教えは国を滅ぼす、儒教は奴隷に対するモラルだというんで猛烈にやったわけでしょう。

陳　これが主流になった。昔から李《り》卓吾《たくご》とか、孔子の部分批判はいっぱいあったわけです。孔子の弟子が悪かったんで孔子は悪くなかったんだ、といったね。康有為もそうでした。かれの「孔子改制論」も孔子は絶対だけれども、いまの儒教は孔子の教えではない。本当の孔子の教えは弟子たちが変えてしまってよくわからないがそれを再構成しなければならない、と言う。

司馬　それが孔子も悪いってことになった。

陳　洪秀全からで、これが一八五〇年。主流になったのが「五四」から。僕は今度の旅行でわりと農村をまわったんです。それで思うんですが、批孔というのはとくに農村を目指してやっているという気がしたね。やはり農村は考え方が古いんです。ここでいっぺん洗っておくということでしょうね。

司馬　つまりあの中国式の村落秩序倫理というのがある限り、国家はでき上がりませんからね。

陳　女はでしゃばるな、とかそういったやつね。

司馬　女っていえば、中国の太太《タイタイ》っていうのはすごいからな、表には出ないだけでね。日本の女っていうのは、船場の御寮《ごりょん》さんなんか見ると、みんな表へ出て店を切り盛りしてる。養子に来た旦那は市会議員かなんかやってる感じでね（笑）。料亭の女将なんかもそう。中国の太太はそんな表へ出ないわけ。中国では宮中、府中を区別したように、個人の家でも表と裏があるわけ。裏は奥やね、そこでは威張っている。こんなのは日本では薩摩がそうやね。そういえば薩摩っていうのはとても中国的なところがあるな。言葉だって中国の子音が言えるんだ。「そんなこと」というのを「そんなこっ」。僕ら子音が最後にきたら発音できない。「イット・イズ・ア」やからな（笑）。薩摩の家庭主義も中国的ですね。

もっとも薩摩人は中国人である、という奇説も考えられないことはない。島津家がある時期祖としていた惟宗《これむね》氏というのは中国からきた姓です。実際は朝鮮からきたか江南ったか。ともかくも帰化人が土豪化して、島津家として鎌倉体制に組み込まれていった。とすれば西郷が中国的だというさっきの話も……（笑）。

陳　たとえば舟山列島あたりにいた浙江《せっこう》の九姓漁戸が流れていったとか。広東の蛋民とか浙江の九姓漁戸というのは、科挙を受ける資格もないとされて、陸に上がらせないというんで、船上生活していたんですけれども。

司馬　ちょっと話がずれるんですけれども、この間、ある若い優れた中国人に会ったら、初対面で「司馬さん、僕は客家《ハッカ》です」って言うんです。いきなりそんなことをいわれて、びっくりした。孫文も客家やね。

陳　洪秀全もそう。

司馬　客家には本貫《ほんがん》がないわけで、他の中国人のように私は浙江人、私は湖南人というような本貫の地名が言えないいんですね。

陳　つまり先祖からではなくて、新しくそこへ来た人ですね。そしてその住んでいるところでも差別された。だから革命家が出るんです。でも孫文は自分では言わなかった。そのへんはわかります。かれらはみんな頭がいいんです。頭がよくなければ生活できない。本貫のあるのは、頭悪くても何となく叔父さんとこへ行ってメシ食うとかできるでしょう。ところが客家の人は条件が厳しいですから勉強しなければならないし……。

司馬　僕はヴェトナムのショロンの町はずれの中国人のおばちゃんに出身を聞いたら、

にこにこして「客家」と言った。

陳　隠すことはない、ってかれらの間で言ってるんです。黄遵憲という大詩人のことは、前章で「日本国志」の著者として出ましたけれども、かれは、われわれは勤倹をもってする客家の出身だから誇りに思え、と嫁入りする妹への詩の中でうたっている。

サンフランシスコのチャイナタウンに客家が多いんです。広東の花県といったら洪秀全の出たところですけど、ほかにも梅県といったところもみんな客家なんです。その同郷会へ行ったら、われわれは太平天国で清朝にいじめられて、おれなくなったのでアメリカに来たって言ってました。花県というのも大逆賊の出たところですから、締めつけが厳しくておれなくなって出て行ったんでしょうね。

司馬　いまはもう客家も何もありませんね。

野心家・袁世凱のこと

司馬　袁世凱（北洋軍閥の巨頭、中華民国の初代大総統。日本の対華二十一カ条要求を受諾したが、このため反日反袁運動がおこる）のことを少し話さないといかんですな。

陳　袁世凱という人は、目がくりくりっとして、かわいいんですよ。顔がまるくて、目をパチパチッとしてね。あれが曲者なんだ（笑）。

司馬　英雄とか梟雄《きょうゆう》という、ああいう連中はどこかに愛嬌がないとだめなようですね。そういう部分にひとびとが食いつく（笑）。私の憶えてる写真というのは、西洋人の考えだした大元帥服の一番アクの強いやつ、実にデコラティブなごてごてしたやつを着て、がんばってるなって感じなんだな。かれはもともと幕僚（清朝まで存在した制度で、所定の官吏登用試験によることなく、辺境の大官が私的に採用する顧問）上がりですね。

陳　そうです。彼は挙人も通ってないんじゃないですか。

司馬　わりあい家はよかったんでしょう。

陳　家はいいんですよ。家はいいんですけど試験は通らない。張作霖《ちょうさくりん》みたいに文盲ではなくて、字はかなりいい字を書きますよ。

司馬　ちゃんとした教養もあったはずだけれども、要するにノン・キャリアですね。そのために軍隊に投じる。たまたま清朝が日清戦争に負けたから、これは西洋軍隊つくらなければいけないというんで、ドイツ人を呼んで新陸軍ていうやつをつくるんでしょう。

陳　新建陸軍ね。

司馬　清朝はそれを何個師団か北京に置いた。彼はそのときの師団長の一人やね。それからだんだん政治家になっていくんだけれども、もともと政治的野心があったんだね。

陳　この人はね、李鴻章の子分なんですよ。

司馬　李鴻章は卸し問屋みたいな存在やな。

陳　曾国藩（清の政治家、学者。太平軍鎮定の功により直隷総督、西洋文化の移入につとめた）は李鴻章に全部遺産を置いていったんですよ。曾国藩にはそういう後継者がいたけれども、李鴻章という存在はかなり大きい存在で、いっぱい手を広げておったんで、全遺産をまかせる人はいなかったんですよ。だから軍隊は袁世凱とか、外交はだれそれとか、分けざるをえなかった。だから李鴻章の遺産はばらばらになるわけですね。袁世凱はその軍隊を受け継いでいたから、ただの師団長でもないわけなんですよ。日清戦争で壊滅した北洋陸軍をやっぱりつかんで動かしていたわけですよ。

司馬　太平天国の乱を収拾する力が清朝にないので、曾国藩が義勇軍を集めて、一応成功するのだけれども、そのとき曾国藩の弟子クラスの李鴻章は湘勇《しょうゆう》のほうだったですか。

陳　李鴻章は淮勇《わいゆう》ですね。

司馬　「勇」とつく軍隊は前近代的ではあるけれども、近代軍隊の起こりといってもいいわね。それで曾国藩軍隊が李鴻章に譲られて、李鴻章の権力はものすごく大きくなる。李鴻章はさっき陳さんが言ったとおり、政治、外交、洋務運動という実業にまで入っていくけれども、袁世凱が軍隊部門を相続する。軍隊部門の相続というのはやっぱり大きいね。

この袁世凱が、結局、革命のガンになっていくんだけど、清朝を倒す一つの力にはなっていく。彼の最終的な目的は、三国志的な英雄みたいなものでしょう。皇帝になろうという。……だけどプロセスとしては、革命軍に同情的な格好もしなくちゃならない。と同時に、清朝に忠誠心も見せなきゃならない、ということだったでしょうか。僕にはよくわからんけど。

陳　この新建陸軍には、革命的な思想を持った将校がいるわけですよ。だから袁世凱は、軍を掌握してゆくためにこの人たちのシンパであるという面も見せなきゃいけない。そうすると、横から見ると頼もしい存在に見えるんですよ。

司馬　孫文も袁に期待する時期があったりして、袁の力をつかって革命政権が一時的にできますね。

陳　袁世凱はわりあい外交がうまいんですよ。日本ともイギリスともうまくやっていて、自分を後援してもらうようにやっていたわけですよ。

司馬　夷を操作するのがうまいんだな。

陳　彼は外交の経験がありますからね。

司馬　そう、日清戦争の前の段階での、日本と中国とロシアという三国が朝鮮の取り合いをしたとき、朝鮮に出張した少壮気鋭の中国代表が袁世凱。明治二十年代の初期ですね。そういう意味で、非常に荒っぽい外交の腕がある。なんやかやで、ある時期の前近代的英雄だけれども。近代のにおいがふしぎなほどしないな。

それで、孫文がほんとなら革命党最初の大総統になるんだけれども、すぐ袁世凱に譲るのは一時譲らないとしようがない勢いというのが袁世凱にあるんだな。そこで袁世凱はやがて皇帝になっていこうと思うわけね。それで、みんな袁に裏切られてしまうわけだけどね。

袁世凱と日本との関係は、かれがまだ力があった最後のころに、第一次世界大戦が起こって、そのときのどさくさまぎれに日本が袁を相手に、歴史的脅嚇《きょうかく》をやったことでしょう。つまり第一次世界大戦というのは、ヨーロッパ、特に中国に権益のあった英国、フランスが、もうアジアを顧みられない状態で、そのどさくさにドイツ権益の膠州湾《こうしゅうわん》、地名でいえば青島《チンタオ》を日本が攻撃する。そういう押しかけていって参戦した日本というのは、火事場泥棒だと世界中からも中国からも言われた。

陳　中国も参戦するんですよ。

司馬　あとになって参戦したんだけれども、最初の時期は袁世凱は中立でしょう。そのとき日本はガタガタやって、みんながあっち向いてるすきに、大隈重信内閣が、加藤高明外務大臣を使って、二十一カ条を突きつけてしまった。

二十一カ条という条項は、ほんとは五カ条ぐらいしかないいんだけど、袁世凱はジャーナリスティックな才能があるんだろうな。小項目や希望事項まで入れると二十一カ条ぐらいになるわけで、そうでないと世界の耳目をあつめられない。日本は火事場泥棒をやっている、しかも二十一カ条の要求をえげつなくつきつけてきた。こんな要求をのんだら中国は日本に支配されてしまう。ちょっとみると軽い要求のように見えるけれども、たとえば鉄道の利権をそのまま永久に与えよということがある。鉄道の利権というのは当然沿線の治外法権も含まれるわけだから、これではその国をとってしまうようなかっこうですよね。

しかも日本側は二十一カ条を秘密にしようといったのだが、袁のうまいところやな、「ロンドン・タイムズ」の記者にみんなバラして、世界中に大声で報らせた。外交の名手かもしれんなあ。日本は盗人かぶりしてこそこそやっているつもりでも、そのうちに近所となりの防犯ベルも電灯もみなついてしまった。結局、この二十一カ条が、抗日運動のスタートになるわけだけれども、まったくバカな話だな。日本の対外思考法には本当の愛情というのがないから泥棒と同じで、目さきの利益で一生を棒にふるんだな。

陳　経済的な侵略がこの時期から本格化するわけだけれども、さかんに借款という形がとられますね。日本についていえば、西原借款で素性のわからないおっさんが活躍するでしょう。

司馬　西原亀三。大正初年頃に朝鮮を根城にした朝鮮浪人というか。当時この人物をつかった日本政府側の事情を財政の面から綿密に書いた本が最近出た。「中国借款と勝《しょう》田主計」（勝田龍夫著・ダイヤモンド社刊）という題で、当事者の息子さんが書いた本としては客観的な見方がとられています。

ともかくも西原借款というやつを中国にのませる。袁世凱はなんぼでものむ。袁世凱のおそろしさというか。

孫文が袁世凱とまったく違うのは、孫文は外国と手を握ったらダメだ、借款してはいけないと言いますね。借款というと法律用語で違うみたいに聞えるけど、要するに資本投下のことなんだ。実際問題として資本投下した側の利益が多くて、借款した側はほとんどない。侵略の基礎みたいなものだね、借款は。

袁世凱というのは、ずいぶん外国から金もらって、太って、孫文より上になる。つまり袁世凱は金力で上になるんですね。ほとんどドルであり、ポンドであるわけです。日本も入っている。そういうことで政治家が太るという、アジアで最初の例ですね。李鴻章が最初だって一般にはいうけれども、袁世凱が最初かな、どう思う。

陳　そうね。

司馬　李鴻章には、まだどこか抑制力があった。洋務運動をやるプロセスで、相当買弁的になっていくけれども、袁世凱みたいにずるずるべったりということはないように思うなあ。袁世凱はふんだんにドルとポンドを抱えたら、南中国にいる孫文を代表とする革命化した連中を弾圧することができるからな。それが袁世凱の政治的基盤とも言えるわけだね。盗賊方式でいえばそういう政治家には二十一カ条突きつけてもいい。だから結局突っ込んでいったわけで、これが蔣百里のいう「日本はワイロとオドシしか政治がないのか」というところなんだろうな。

結果としては全中国に猛烈な抗日大衆運動が起こる。袁世凱にしてみれば、自分の部下から全国民にいたるまで反対しているのだから、二十一カ条はピストルでおどされて、日本の恐喝《きようかつ》に屈してのまざるをえなかった、という形をとりたい。そうすれば国内的政治生命は保てるでしょう。こうしたことを考えながら、袁世凱は二十一カ条をズバッとのむ男なんですね。

陳　それは袁世凱の常套《じようとう》手段ですよ。百日維新で裏切ったときもそう。譚嗣同が来ておれを脅迫した。譚嗣同のふところが盛り上がっておった。あそこに刀が入っておった。それでこわかったんだ。それは自分で書いてるよ。その次の日の晩にもう密告に行っとる。それは袁世凱の常套手段ですよ。

しかし、袁世凱の史料はたくさんあるね。全部買うと何百万もかかるんだ、復刻版で。つまり近代史だから、こいつをのけたら考えられんですからね。孫文やろうと思っても、袁世凱が出てくる。日清戦争にも出てくる。

孫文の日本に対する予言

司馬　袁世凱の敵であって、しかし袁世凱という現実を計算せざるを得なかった孫文（三民主義を唱え、中国革命同盟会総理。辛亥革命で南京臨時政府大総統に就任したが維持できず、袁世凱に屈した）の苦しみというのはあるでしょう。まあ日本と中国の間で、日本を理解した、つまり鋭く本質を見た中国人はいるわけです。孫文もそうだし、さっき名前の出た人は、深浅の度合いはあっても、本質はよく見ている。一方、日本人には当時たくさんの中国通はいたけれど、それほどに中国の本質を見たというのは数人しかいない。理由はどうも、日本人というのは他民族の立場になりにくい性格があるんじゃないかな。なって考えれば簡単にわかることなんだけど。

それに、中国っていうのは、侵略されて、蚕食《さんしょく》され、買弁資本家に食い荒されてきた。

たまたま僕は学校のころに買った古本で昭和十二年の翻訳の、「支那は生存し得るか」っていうすごい題の本を持っている。これはアメリカのハレット・アーベントとアンソニー・ビリンガムという二人の優れたジャーナリストが書いてるんだけど、中国は死体同然とみている。そこまでやられた中国の側に立つと、逆に世界やまた日本の本質がよくわかり、中国は、さらには日本はどうなっていくか、予見できるわけだろうな。まあ、向こうにいてそれがわかったのは孫文のパートナーだった宮崎滔天《とうてん》。僕は滔天とその兄弟たちが好きです。それから近い人では中江兆民の子息の中江丑吉《うしきち》、この人はべつに運動はしなかったインテリだけど。
　もう一冊、今日書庫から探し出した本に、大正十五年に発行した中野正剛の「中野正剛対露支論策集」というのがある。ここには十三年（一九二四）に北京へ赴く途中、神戸を訪れた孫文のことが書いてあるんだが、中野は後年ヘンになったが、大正末年のこれはけっして悪くないんですよ。死の前の年に、孫文が神戸でやった演説の論評です。「孫君は、日本のいわゆる大アジア主義者とはぜんぜん立論の根拠を異にしている。日本の大アジア主義者は、アジアを連ねて、人種的色彩によって、白人に抗戦して、日本を中心として白人の帝国主義に対抗すべく、別個の帝国主義を高く掲げんとしている。これに対して孫君等は、英米を覇者《はしゃ》とする白人の帝国主義に反抗して、まず白人帝国主義の被害者であるアジア民族を連ねて、さらに白人の被害者側にいる貧しい白人国と結んで、世界的に思想を根拠にする」ちょっとへんな文章だけれども、要するに、中野のいう「世界的に思想を根拠にする」——悪文だな——そういう立場から、解放戦争を演出しようとしているのが孫文だというんですね。だから日本のアジア屋さんとは、ぜんぜん違うんだということを言っている。これはいい見方だと思いますよ。
陳　あのときの孫文の神戸の県立女学校の演説というのは、かなり重要ですね。現在の中国を考える上でもね。
司馬　そう思いますね。つまり、日本はアジアの一員としてやるか、それとも白人帝国主義の番犬になっていくのか、いまは分かれ道だ。孫文という人は非常に気の優しい人ですから、日本に対して恫喝《どうかつ》しているんじゃなく、好意をもって日本の運命はこれで決まるぞといってるんですね。すでにそのとき、孫文は弱き中国の、弱き代表ではないわけですよ。もう革命の成功を目前にしていたし、同時に世界人の立場から、日本はどうするんだ、このままいったらつぶれるぞということを、言葉はつよいけれどもほんとうに日本のために言ってるんでね。同時にそれが普遍的な問題なんですね。だから、この演説はきっといまでも高い評価受けてると思うけどね。

この孫文ていうのは面白いんでね、一九〇六年、明治三十九年に、東京の神田で初めて中国革命同盟会の宣言をするんでしょう。だから、孫文の革命家としての公式スタートも神田だったし、日本自身に、お前さんどこに行くんだと言って問い詰めたのも、死ぬ前の大正十三年の神戸でしょう。だからその意味では、孫文の予言とか警告というものは、いまふりかえってみると、日本の近代史の中で相当すごい力を持っていたのだとわかるな。

ただ残念なことに、その時は聴衆も漠然と聞いて散会していっただけだろうし、新聞だって簡単な記事を載せただけだ。中野正剛だけは、孫文といっしょに行くべきだ、と書いている。この演説会には犬養《いぬかい》木堂（毅）もやって来ていた。木堂はかつては孫文と同じ志を持っていたのですが、もうこのころは日本帝国主義的立場に立たざるを得なくなっていた。その前には宮崎滔天がいて、孫文といっしょに走りまわっていた。孫文が滔天の生地の熊本郊外の荒尾へ寄ったのはこの時だったかしら。滔天の生家へ行って遺族といっしょに写真を撮っていますね。孫文先生が見えたといって村中が興奮したらしい。この荒尾では孫文を非常に大事にしていて、いまでも田ンボの中に記念館がありまず。中に何も入ってないけどね（笑）。あれは戦争中に誰かもっていってしまったのかね。

しかし宮崎滔天も中国革命で孫文といっしょにやってきて、その前に死んでしまうのだけども、死ぬ前にはもう気分として落魄していましたね。日本のやり方はどうしようもない、中国のためにもアジアのためにも、世界のためにもならないって、浪花節語りになっていくでしょう。かれの言っている中国観というのはいま読んでも実にいい。ロマンティックなところがありますけれども、文章がうまくて文学的になっているしね。こういう孫文の日本におけるただ一人といっていい理解者が失意のうちに死んでゆく。

中野正剛は玄洋社の方やね。しかし玄洋社といっても内田良平ばかりじゃないんで、民権運動の流れをか細くともくんでいるんで、その中で中野なども当時物の考え方の範囲がやや広かったから、アジアの問題は孫文に焦点を合わせようとしているわけだ。ただやっぱり一介の口舌の徒だったから、あとで政治家になり、政治家としては力の弱い人になってしまうんですね。かれの論文なり、政見なり、アジア観なりが日本の政治に反映されたことはない。そしてかれも昭和十年前後から、急に衰弱してヒステリックな帝国主義に与《くみ》していってしまう。もっとも東条政権には反対して切腹する……。いや、中野正剛の評価というのは僕にはぜんぜんできないし、わからないんですけどね、この本の当時のかれの考え方というのは時代をすこし越えている。

陳　中国ではいまメーデーや国慶節のとき、孫文の大きな写真掲げとるんだ。孫文の評価は依然として高いですね。

既成のナショナリズム観では見られない新中国

司馬　中国にはたして国民国家が成立しうるか――ということがあった。中国人というのはいろんな民族で構成されている一種の世界民族であるわけですね。統一された時期はある。それは漢帝国であり、唐帝国であり、清帝国であるのですが、それは王朝でしたからね。人民はそこでは王様と官吏にメシを食わす道具なんだから、これを国民国家というわけにはいかない。フランス革命とか、明治維新とかいった意味での国民国家の成立というのが中国にありうるのか、と思っていたらいまの中国でありえたわけだ。

二十一カ条のとき、中国の民は四億といわれていた。その四億がみんなまとまって、いっせいに旗を振ったという印象の大衆デモというか、大衆ストライキとかがあったかというと、太平天国などいろいろあったけれども、いまの中国には遠く及ばない。

陳　そうですね。

司馬　二十一カ条が引き金になってるわね。こういう悪い隣人がいなければ、こんなに早く国民国家ができなかった（笑）。孫文の大正十三年の神戸の演説を考え直してみると、それはもう予言ではなくて、現実になっている。すでに新中国はでき上がっているし、ほかのアジア世界を見てもわかるし、日本の現実をみてもわかる。

陳　孫文のあのときのスローガンは「滅満興漢」、つまり満州人の作った朝廷である清朝を滅して、漢民族の国家を興すというわけですけども、あれは中華民国が成立した時点で達成しているわけで、勢いづけで言ってるんですね。

司馬　「尊王攘夷」と同じですね。

陳　それでその漢なんですけど、いまの中国でも一番基本になっているのは、中国は複合民族である、ということですね。これを非常に強調している。国慶節の前夜の祝宴で、周恩来の乾杯の辞の最後は、「全国各族人民団結万歳」なんです。どこへ行っても「各族」という言葉が聞かれる。

瀋陽で僕らの泊まった宿舎のそばに、朝鮮族第一中学校というのがあった。この朝鮮族というのは、中国にいる朝鮮民主主義人民共和国の人のことではなくて、中国籍を持った朝鮮族のことなんだ。第一とついてるんだから、当然第二、あるいは第三もあるんでしょう。かれらは民族語で教育を受けている。去年行ったウイグルでも学校でウイグル語をやっていた。朝鮮族は瀋陽だけでも三万人ぐらいはいるそうです。で、そういう複合民族国家であるということをしょっちゅう言っている。

司馬　この国は漢民族国家ではないんだ、ということを明快に言わねばならないんだ。そうでなければ自壊する。

陳　それからもう一つ、行ってみてショックを受けたのは、農民が銃を持っている、ということなんです。民兵制度なんだから銃を持っていても不思議はないと言われればそうなんですけれども……。それに「造反有理」——謀叛を起こすのは理由があるからだ、悪政をされたら起ち上がって反抗しろ、というのがいまの中国のスローガンでしょう。政府首脳にしてみれば悪政をすれば自分自身が倒されるということで、そういう基盤の上に政府が成立している。

司馬　それは相当な度胸やね。それに、今度ストライキを認めたっていうのがあるでしょう。

陳　新しい憲法でね。

司馬　あれもかなりのもんだね。われわれの持っている既成のナショナリズム観でみることができない、何か違う世界国家ができつつあるということですね。日本が国家体験で知ったこととか、イギリス仕込み、あるいはアメリカ仕込みで見たりしたらだめだね。

官僚的なところも……

陳　中国ではつらい土地などで実績を上げた人が幹部に登庸されていくんですね。実績を上げる、といっても、小さな数百人ぐらいの村でも、引っ張っていくには、声で威嚇して、「お前、ついてこい」って言ったたって成績は上がらないと思うんですよ。その人に人間的魅力があるからみんながついて行く。何かみんな魅力がある人間ですね。僕らを案内してくれたクラスのリーダーも、その人が法律に通じてるとか、そんなことは知らないけど、人間的魅力があるわ。ユーモアに富んでいたり、そっと心づかいをしてくれたりね。

司馬　あ、そうか、そういうところもある。

陳　調べてくれって言ったら、徹底的に調べてくれるね。やっぱり官僚的なところもあってね。瀋陽で、寒いし、風邪ひいとるし、スチーム入れてくれって言ったら、スチームはダメです、いま地下のボイラー室には入れない(笑)。スチームは何月何日から開始、そうなってます、と言う。そんなところが官僚主義やとみんな言うてね(笑)。もっともそのかわり、そういうときは毛布持ってきてくれます。

僕がおととし南京に行ったとき、太平天国博物館が閉まってたんですよ。聞いてみると、並べるものは決まってるのですが、それの説明の仕方が問題があるからいま閉めてるんだ、あと一、二年したらあきます、って言うんです。それで今度行ったら、まだ閉まってるんだ。僕の従妹が南京にいるんですが、まだ閉まってるよ、何ぼやぼやしてるんだろうって言ったら、いや、中はちゃんと並べてある、わたし見ましたって言ってね。プレートにいろいろ説明してあるんですが、それを大学の先生呼んで来て見てもらって、間違いないか、それから学生呼んできて、わかるか、労働者呼んできて、何か意見ないかっていうことをいまやっている。彼女も見せられて、この説明でのみ込めるかとかいろいろ聞くんだそうです。一年ぐらいかかってそれをやるんですよ。頼んだら見せてくれるよって言ったけど、僕は時間なかったから見なかった。何だか決してあわてないんだなあ。

ところで則天武后と高宗を埋葬した乾陵《けんりよう》、あれをいま一所懸命調査してるんですよ。どうもあれは盗掘された形跡がないんですよ。あそこはね、ふつうの陵と違って、ほんとの山のところに作ってあるんですよ。広漠たるところで、両側に自然の見張り台のような丘があって、人が来たら昔は射たれたわけです。それで墓道もわからなかったんですが、いまはわかった。それでいろいろ調査したら、盗掘されてる形跡がない。郭沫《かくまつ》若《じやく》さんは早く掘れっていうんだけどね、そういうことをやる前に、ちゃんと出てきたものをどういうふうに保管するか、それをきちんとやってからじゃないと掘らない。

あれは大変なものが出てくるんじゃないかな。陪冢《ばいちょう》の永泰公主見てきましたけどね。陪冢の小っちゃい永泰公主であんなですからね。しかも永泰公主の方は盗掘されてるんですよ。

司馬　友人のUさんが、その永泰公主の陪冢へ行って見たら、壁画の色があんまり鮮やかなんで、これはどうしたんです、って聞いたら、きれいに塗り直しました、って言ったそうだけど……（笑）。

陳　そうじゃないんです。壁画ははずしてべつのところに保管してあるんです。その跡に模造品を描いて……。

司馬　なんだ、変だと思った（笑）。

陳　ところどころに本物が残っている。それも模写ができ次第はずして持ってゆく。それをちゃんと説明しなかった案内人が悪い。

司馬　もっともUさんは予定に入ってないのに行ったんで、正式の案内人じゃなかったんだな。

陳　西安から二時間ほどほこりの道を行ったところでね。しかもあそこは前に地下道掘っとったところですよ。僕らのときはちゃんと説明してくれました。その人が言うには乾陵を郭さんなんか早く掘れと言っているけど、発掘した物を納める場所がない。あれは一ぺんあけてしまうと、空気に触れたりバイ菌が入ったりしてすぐダメになるんですね。ですから持って行く場所は永泰公主の場合は小さかったからすぐできたけど、こんどはよっぽど吟味してかからないと……。

遺跡は逃げないんだって言ったら郭沫若さんは自分はもういい年だから、遺跡は逃げないかもしらんけど、こっちのほうが……。

司馬　あの世へ逃げてしまう（笑）。

〝革命〟は〝略奪〟であった

司馬　日本人というのは見えない民族やね、たとえば国というものがわからん民族やね。自分自身のことに引き替えてよその国を思ったりね。文明がわからんわ、文化はわかっても。アメリカで脳外科やってるそうやといったら、もう脳外科の技術を持って帰ってきて、脳外科は京都大学が一番だとか、名古屋が一番だとかいうだけであって、点で理解しえても、面みたいなものがわからないね。わからないということで発展しているところがあるわね。しかしわからないことで損することがあるね。決定的にわからないのは面やね。それはどうも島国だからだね。

戦争のやり方を見るとよくわかるんだ。面でやってない。いつもゲリラ戦ですね。ゲリラでも、面のゲリラでなくて、小規模ゲリラですからね。戦争論をやったら、日本人論ができるんだけどなあ。戦争の話をあんまりやると、あいつ戦争が好きかいなと思われるからな。あれが一番つらいんだ（笑）。だけど、戦争っていうのは、非常にティピカルに政治がわかって、その人間がわかって、民族がわかったりするから、非常に単純な窓だから言いやすいんですよね。

ところで、辛亥《しんがい》革命の話がとびましたけれど、あれは何年だった？

陳　明治四十四年（一九一一）……。

司馬　辛亥革命の初期の、辺境の軍隊の革命があったとき孫文はアメリカにおったな。

陳　そうそう。

司馬　それであわてて帰って行くという事態なんだけれども、この辛亥革命っていうのは、清朝を倒すための革命であって、軍閥連合の革命であって、ほんとうの意味の革命かというと、フランス革命でもないし、ロシア革命でもない。いわゆる中国的革命なんだけどね。そうすると、兵隊は質が悪いわけですね。訓練はできてないし、政治意識もない。だから略奪強姦はあり得るわけ。

ところで辛亥革命の余波は当時の言葉でいう内モンゴルから外モンゴルに及んだ。外モンゴルの首都はウランバートルだけれども、そこまで辛亥革命の余波が来て、清国兵から脱した革命兵がやってきて略奪するものだから、〝革命〟という言葉が〝略奪〟ということかと思って、モンゴル語で〝ガミン〟――泥棒、略奪という言葉を〝革命〟にあてた（笑）。日中戦争における日本兵みたいなものですよ。そのガミンていう言葉が、定着しているのかどうか、いまでもあるのかどうか、この間ウランバートルで聞いたら、そんな言葉聞いたことない。そうかと思ってね。たまたま聞いた人が知らなかっただけで、歴史学者ならば知っていたと思うけどね。

新しい日蒙辞典にも出てないんです。僕の学生時代に使ってた字引は昭和初年の字引なんだ、陸軍少佐が編纂した……。大正時代いっぱい続いた満蒙の権益を日本のものにせよという、多分に右傾した国策――参謀本部的国策があって、それで参謀本部にモンゴル語できる将校を作れというので、作った。そういう人が昭和初年に編纂したものなんです。それで僕らはモンゴル語を勉強したわけ。これはいまのウランバートルのモンゴル語とはずいぶん違った、素朴なモンゴル語の字引なんだ。ところがガミンていうのはここにも出てこない。革命という言葉もないわけです。よく考えてみても、習ったこともないわけだ。それで友人のモンゴル語教授に電話かけてね。そうしたら革命には〝ホスビハル〟っていう言葉がある。これは中国語やロシア語から輸入した言葉でなくて、モンゴル語でつくった言葉だけれども、本来〝変わる〟という意味なんだ。変わるという動詞を名詞にした言葉なんだ。それでその友人に、〝ガミン〟ていう言葉を知ってるかと言ったら、知っている。やっぱり餅屋だね。だけど中国語の革命《ガーミン》でなしに国民《クオーミン》という言葉がなまってそういう意味の言葉になったんだろうって言うんです。

まあ、明治の末年に辺境の少数民族にまで影響を及ぼした、清朝を倒した辛亥革命というのは、少数民族にとってはガミンでしかなかった。それから六十五年ぐらいになるわけですね。つまり、ここまで漢族の中国人が成長したわけですよ。中国人が成長したと言うより、歴史が成長したんだね。それで中国はいま世界で一番新しい国になった。世界で一番新しい国というのは、そのまま世界性を持っているわけだ。国家そのものが普遍性を持ってるということだ。国家というのは、建前として非普遍的な存在であるということがあるでしょう。国家そのものがそのまま普遍性を持つということは非常にむずかしいことなんだけれども、それをいまの中国は可能にしている。内部的にやってる方法を見れば、モンゴル人、ウイグル人、チベット人、大きなグループはそんなところ、それから小さな苗族《ミャオ》、ヤオ族とか、小さい民族がいっぱいおるわね、数百人の族まで含めて。それを区切って、固有の文化を保存していたりして、ここだけの用語でいえば、文明は新しい普遍的な体制に従おうという調節やってるわけでしょう。それが文化と文明の問題で、新しい問題の提起の仕方をしているんだけれども、それがものすごく面白いね。

すべての才能を見出す

陳　僕が向こうでしょっちゅう聞いたのは、ソ連は社会主義をやってないっていうことなんですよ。やっているのはいまのところわが国だけでね、手本がないというんですよ。ですからいろんな試行錯誤がある。いまもまだテスト中だというんですよ。たとえば教育についてもテスト中だというんですよ。

学校教育を聞いてみたら、小学校は五年です。七つからです。日本は六歳からでしょう。満六歳までは幼児教育のほうにまかせているわけですよ。七歳から入って、五年で卒業だから、年齢は日本の小学校と一緒ね。中学は五年ですよ。地方によってちょっと違うんですけど。だいたい標準は小学校出て、中学に五年行くんですよ。中学五年行ったら、卒業して二、三年働きに行くわけ。つまり浪人時代をみんな経験する。働いているうちに、自分は何に向いているかということがわかるし、自分の学力では大学はムリだという人が出てくる。大学出たやつが偉いという観念もかなり薄らいでいるわけですよ。それで工場なら工場、農村なら農村、そういうところの指導者が見ているわけね。二、三年してから大学を受ける人は受けるんです。それも去年はペーパーテストだったけれども、ことしはそうじゃなかったというんですよ。懇談会というのをやる、大学へ行きたい人を集めて。しかし、きみの学力はどうだとか、いろんな話をするわけですよ。それから大学に入る。

僕が西安に行ったときに、友人の娘が外語学院の英語科に入っていてね、二、三年働いてから。向こうは九月から新学期なんですよ。だから新学期早々なんです。学校でなにしてるのかって聞いたら、毎日座談会だ、一と月か二月は毎日やる。一クラス四十人ぐらいいまして、十人ぐらいのグループに分けて話し合いをする。翌日はメンバーを替えてやる。それは英語のこともあるし、自分の昔からの経歴などを相手に話したりなんかして、それに先生がついている。いま座談会の時期だから、一日ぐらいお父さんの親友が日本から来たというのなら、行きなさいと言われて今日は休むのだと言ってました。

例外もあるんです。中学出てからすぐに体育学院、芸術学院とか、ああいうところに行く人は、どこも働きに行かずにそのまま入る。やっぱりあの時期が大切なんでしょうね。体育とか、音楽とか、絵画とかは。

僕はこの間日本へ来た北京大学の先生に聞いたら、テストは来年どうなるかわからんというんですよ。われわれにはお手本がないから、やってみてダメなら、来年変えると言ってましたね。それは教育に限らず、何でもそうらしいですよ。そんなことじゃ困るじゃないかと言ったら、いいえ、悠久の歴史にくらべたら、一年や二年、文革のときにも二年ほど停まったんだから、あまり関係ないですよっていうんですよ。それよりもっといいものを生み出したい。悪いのを固定するより、模索してやりたい。長い目で見れば、その方が有利ではないかとわれわれは考えている、っていうんですよ。

少年宮というのが各地にあるんです。上海には中央の少年宮がある。そこへ行くと子供が遊んでるわけ。それを指導者みたいな人が見ている。子供は自分のしたいことをやるわけです。これは子供の才能を見てるんだね。グラウンドがあって、走ったりしてる。

いままでだって中国にもバイオリンの天才とかそういう人がいたはずだ。そんな人でいっぺんもバイオリンに触ったことも見たこともなくて、才能の花を咲かせずに終わったのがたくさんいるはずなんだ。われわれの理想は、それを一人残らず見つけたいんだ。自分の好きなものをやる。下手の横好きだったらしようがないけれども、ほんとうの才能があったら、これはコーチをつけるとか、そういうことをやって才能を伸ばしてやる……という考えです。

司馬　フランスというのは、文明を産んだというより、ローマ文明を植民地として利用したわけですね。だからローマ文明の正統な後継者といえるフランスと、ドイツとくらべたらよくわかるのではないか、と思うのですが、ドイツはずいぶん思想家を持っているけれども、しかし何となく点の集まりであって、フランスは面であるという感じがするでしょう。アラビアも技術社会としては後進社会だけれども、大文明を産んだところだ。中国がそうでしょう。その周辺のわれわれというのはどうかというと、きわめて技術主義的であり、技能主義的であって、われわれが文明を新しく開発するということは、機能的にないわけですね。これはあきらめたほうがいい。またこのことで日本のインテリが自己嫌悪に落ち入ったりすることはないんですよ。そういうふうになっとるんだ、大文明の周辺の国は。フランスの周辺であるドイツがそうであるように。

ともかくも自然と人間はどう生きたらいいかということを、生まれつき持っているというか、われわれ外から見てそう錯覚するのか、中国も、アラビアも、文明を興したというところはみんなそうでしょう。そういうところの民族は非常に優れているんだという、民族差別的意識は必要ないんであって、人間というのはある条件の地域に住んだら、文明を興す仲間に入れるんだ。中国大陸というのは、そういう条件を持っていた。アラブもそうだと思うね。僕らはそういう条件のない島国に生まれたんだから、技能主義で来たし、今後も行くだろうと思う。技能主義は公害も入るわね。つまり、中国では法律より道徳が先行する。日本では道徳よりも法律が先行する。これは文明を興した国と興さない国の違いがそこにあると思うけどね。たとえばわれわれは、公害は法律で縛ってしまえ。僕もそう思うよ。公害はモラルで縛るより、法律で縛ったほうが早い。そういうように、それぞれ性格があるわけね。そういう意味からいって、中国がやってることは非常に大事で、壮大であると言えるんだけれども、僕らはそのままマネをすることはできない。だけど人間が生きるということ、そのことに還元してやっていく、それを中国に学んでゆかないといけない。

陳　天安門の前に碑があるんですよ。毛沢東の書で、「人民英雄永垂不朽」と書いてあるんですが、これがすごい字ですね。駅なんかによく毛沢東が書いた詩を飾ってあるんですけど、途中で字をとばしても頓着しないんですね、かれは。で、横にカッコしてつけ加えたりなんかしてある。それをそのまま掲示してあるんだ。それでその天安門の碑なんだけども、裏に、この碑を建てたのは今まで長い間人民が苦しんで解放を勝ち得た、この戦いで亡くなった人たちは中国人民の幸福と自由のために戦ったのである、云々とこれは周恩来の字で書いてある。これもいい字ですね。ところが毛沢東とまったく正反対できちっとした字なんです。これを見ていると、この二人の協同で革命が成ったんだと思うんです。

日本は生き延びられるか

陳　それで、中国は、建国一九四九年にわが国ができてから、原則的に方針変えたことがないというんですね。十月二日だったかな、世界各国の華僑百人ぐらい集まった。長く国に帰ったことのなかった華僑に、鄧小平や廖承志《りようしようし》なんかが国の事情を説明しようというんですね。

その中で、わが国は外国に一銭も借金がない。内債もない。貧しいとかなんとか感想を持たれるかもしれないけれども、まず借金がないということを頭に入れておいてほしい、こういうことを言いましたね。借金があるとすれば貿易の延べ払いで、支払えるめどがあって初めて延べ払いの交渉をするということを大原則にしている、そんなことを言ってたですよ。延べ払いできるかできないかというのは、大激論を闘わせてやっているので、簡単にやってることじゃない。一切借金はない、それを念頭に置いていろいろ見てほしいと言ってましたね。
　よく中国と台湾を比較して、台湾の対外貿易は何億ドルにもなるのに、中国はたったのこれだけかという議論があるけれども、これは大いに笑うべきことだ、ともいっていました。そんなにたくさん貿易しなければ生きられないのか、戦争があったらどうなるか。だから、中国の対外貿易の金額が少ないということは健全なのだ、という意味のことも言っていましたね。

司馬　それは重要なことね、中国人はその借金で百年間苦しんだわけだ。借金というものは国家と民族を滅ぼしてしまう。これは不思議なもんで、僕らだったら平気で借金するけどね。ところが、新中国以前は資本主義形態でしょう。そういうオープンの形態をとっておって、開発途上国が資本主義先進国から金を借りるということは、ものすごいことになるんだね。
　われわれは、三時間ほど飛行機で旅行すると、それぞれ小さな国の首都を見ることができるから、その事情をいっぺんに見学することができるわけです。いま農協さんは、こんな小さな国でも、地下鉄があるとか、ジェット機がとんでるとかということで感心するんだけど、その部分だけ、ものすごく先進資本主義国に食い荒されてるわけで、その食い荒され方というのは、民族の精神まで食い荒されて、むろん国土も食い荒されて、最終的には奴隷になるということを中国は十九世紀以来、体験しつくした。これは世界の大半を構成している第三世界のひとびとのための先例だし、予言でしょう。

陳　そうです。

司馬　そういうことは、中国は世界史のなかで生身をさらけ出して全部経験しましたっていうところがあるね。経験しない国は、いまから経験しなきゃいけない。そこで、日本はどうしたらいいかっていう問題が次に出てくるわけだけれどもね。

きょうの結論は、僕がここ二十年ばかり考え続けてきたことを言おうと思うんだけどね。つまり、日本の宿命というのは資源がない、ということで加工にたよらざるをえない。海外に市場を求める前に、七割ないし八割は国内で売らなきゃならないから、国内で売るには、どうしても過当競争になる。そうすると同種企業が共倒れということになる。六、七年前、私の知っている船のある部分を作っているメーカーがこのままダンピング競争やってたら共倒れになるっていうんで、十社ほど集まって自分たちの手足を縛ってくれ、と通産省へ言いに行ったことがある。日本は自由競争でやっているんで官僚統制はできないわけです。

どうしても自滅しないためには外へ出ていかざるをえない。「支那は生存し得るか」の筆者たちは、中国は死体であるという見方にたって、日本の中国東北地方への侵略を、日本には資源がないから本能的に侵略してゆくのだろう、いまのままでは灰かぐら立てて自滅せざるをえないから、といかにもアメリカ人らしいダーウィニズム（弱肉強食）

で認めたけれども、いまや日本にそうした侵略行為は許されなくなっている。われわれは生き延びられるか、というのは、こんどは逆に日本にまわってきたし、日本のための本の題になるわけだな。

大正末年から昭和初期に出た田中義一のメモランダムは、真偽はべつとして、田中義一を代表とする昭和前期の日本の中国観は、中国が統一しては日本は生存できない、また統一させてはいけない、ということで、中国を死体ととらえていたが、その中国が見事に思いもかけない形で統一された。そして中国民族はどうしたら生きられるか、根源に戻してやっている。つまり、中国は死に身から起きあがってきただけに、いつも問題を民族とか国家でなくて、人間が生きるということですべてを還元して考えている。人間から考えるという発想を日本人の場合は公害で初めて気がついた。明治以来、国民という発想だけで住民という考えはなかった。公害が問題になって、日本人にも「住民」の部分が出てきたわけです。

社会主義というと、すぐアレルギーを起こす人が世界的にいるけど、中国はイデオロギーでやっているんじゃなく、中国民族はどうしたら生きられるかと問題を根源的に戻してやっている。これを少し見習って、かりに自民党が社会主義をやったっていい、共産主義はなにも代々木の専売じゃないんだから、誰がやったっていい、またそんな〝主義〟をつけんでもいいわけだ。つまりそうしてやっていかないとわれわれは滅びるんじゃないかという気がする。

普遍性を身につけることの大事さ

司馬　もう一歩進めたら、最大の公害は土地やね。地面を投機的に売買して儲けるようなバカがいるのは、日本だけですよ。イギリスやフランスなどにはいないと思う。アメリカはフロリダだけだそうだね。そういうような国で、ついにはその名人が総理大臣になってそれが辞めることによって、一つの時代が終わったね。終わった段階で、もういっぺん、天とか地とかいうのは公有であることを考え直してみよう……。つまり、中国に学ぶといった言い方をすると、いやらしいゾッとするような感じだけど、中国人も日本人も同じ人間だからね。実際問題として、違うところを探すことが困難でしょう。それだけの意識を日本人は持たなければ脱落するな。何も中国についての詳しい情報なんていらないわけです。

よく香港情報とか何とかで、奇妙奇天烈な政治のからくりを報道したスリラーのような情報ってのがあるでしょう。それはそれでおもしろくていいし、僕もおもしろがっている。しかしそれにとらわれたらだめみたいだな、本質を忘れたら……。あれは読物として……。

陳　アミューズメントとしてね。

司馬　政治の裏話というのはいつの場合でもおもしろいもんでね。世界で一番のんきな国のでもおもしろい。でも本質を忘れたらえらい目にあう。

アメリカなんかでも、香港情報を非常に大事にしてるけどね。香港に優秀な総領事館員を置いて、中国分析をやってるけど、それも戦略、政略的にはいいけれども、あんまりあれをやると、昔日本が失敗したようなことをやるな、枝葉末節にとらわれてしまう。中国では枝葉はいらんね。

陳　むしろ視点の問題でしょう、どこから見るかという。

司馬　どこから見るかが大事な問題で、いまはアメリカの方が、日本よりもはるかに中国に対する視点は正確ですよ、遠いから。水平線上にあるから。巨視的に見えるから、本質が見えるわけね。

西郷隆盛っていうのは面白い人でね。結局富国強兵の十九世紀に、世界的な潮流の中で生まれたために、富国強兵主義者でしょう。弱肉強食でしょう。春秋戦国でしょう。だから「春秋左氏伝」さえ読んでれば世界のことはわかる、そればっかり言ってた。それはわかる、権謀術数の世界だから。だけどそれだけでとらえようとしたのは、西郷をスタートとする、あの当時の人をスタートとする日本人の弊害やね。アメリカがその轍《てつ》を踏むとひどい目にあうね、元は同じだから。

あんまり枝葉の権謀術数を知ってたところで、何のプラスにもならないでしょう。こんな情報持ってるぞっていうところがあるでしょう。それは楽しみみたいなものだからね。

僕はとにかく、モンゴルという中国人よりも弱い立場のところから見るから、なんとなく薄ぼんやり中国が見える気がする。ところが、モンゴルというのはしょっちゅう行けないから、朝鮮とか……今朝鮮じゃなくて古朝鮮だけど、あるいはヴェトナムで見ざるを得ないわけだ。そういう中国の影響を受けていて、しかも弱い立場から見ると、ちょっと中国がわかる感じがある。日本という地続きでない国の立場から見ると、わかりにくい。これはほんとにわかりにくい。中国に松下電器みたいな会社あるかっていうような見方っていうのは、技術主義国家の見方ですね。こんな立場で見たら、どの国もわからんね。アメリカ人には劣等感持つわね、松下電器よりいい工場があるかもしれんから。だからこういう物の見方はどうしようもないと思います。僕は何も中国贔屓《びいき》とか、そんなんで言ってるんじゃない。日本人を救う方法として言ってるわけでね。日本人を救う方法は普遍性を知ることであって、普遍性を知る手近な方法は中国を知ることかもしれない。アメリカやフランスも普遍性は多分にあるわけですね。ところが、アメリカ、フランスという文化で眩惑されてしまって、普遍性がよくわからなくなる。それよりも中国の庶民を見てたら、それでいい。インテリを見ずにね。それが日本人には永久にわからないかもしれないけど、これがわからなかったら、日本は自滅するな。

いよいよ世界は普遍性を帯びてゆく。むろん一面では世界は逆に国家時代になってるけどね。小国がいっぱいできて。だけど、それは内在的に普遍性が進行してるわけだから。それがわからなかったら、やっぱり自滅するのと違うかしら。ほうぼうで嫌われてね。ジャカルタでも、バンコクでも、あらゆるところで嫌われると思う。

いつでも日本人が安心立命ができて、いい気持になるのは、さっきの話ではないけれど、扉のある便所でウンチしたりすることと同じで、自分の特殊なものに隠れていくときに、一番甘美になる。日本的回帰ってよくいうけど、年とったら日本的回帰になる。「ふるさとへ廻る六部の気の弱り」というやつね。あれはいい川柳やと思うな。頑張って青年時代は普遍性に行こうと思ったけど、気が弱くて特殊性に入っていくわけでしょう。これが日本人全体のメンタリティ。これがある限りは日本はダメになると思う。普遍性をどうやって身につけるかっていったら、マルクスを読んだり、ヘーゲルを読んだり、フランス文学を読んだりすることによって、あるいはアメリカのモータリゼーションに憧れたり、そんなむずかしいことやらんでもいいんですよ。寝たり起きたりしてる中国人を見てたら、それでいい。隣りにおるんだから、そういう意味での普遍性で国家をつくろうとしてる人間たちが。その意味できょう僕は喋ってるんであって、国家としての中国を喋ってるわけじゃない。その意味のところに日本人が尻を落ちつければ、われわれは救われるやろということで喋ってるんで、何も中国喋ってるんじゃない。中国については僕はほとんど知らんわけや。

きょうはこればっかり言ってるわけだけれども、「住民」としての感覚で中国の住民を見ていたら、それでいい。「住民」ということ以外のレベルで、つまり民族論や国家論だけのレベルで他の国をみると、ずっと失敗しつづけてきたように、今後もそうなるな。あたりまえのことなんだけど、われわれ日本人にはむずかしいことなんです。

第三章　日本の侵略と大陸の荒廃

（一九七六年五月二十二日　於大阪）

司馬　この間、オーストラリアを旅行した折、北のトレス海峡に散らばっている小さな島の一つ、木曜島にでかけたんです。シドニーで木曜島の地図を手に入れようとしたら、店の若い娘から、それはわが国の領土であるか、なんて聞き返されたくらい、ふつうのオーストラリア人の地理常識の中にはない島なんですが、あそこの海底には大きな白蝶貝が棲息《せいそく》していて、十九世紀のいつごろからかなあ、英国人がその採集事業をやりはじめた。パリの貴婦人のボタンをつくるために採集していたわけで、明治七年にはそんなところにまで丁髷《ちょんまげ》の日本人が一人行っていたという伝説もある。そのころは、土地の人は一人も木曜島にはいない。

ところが、中国はというと、鄭和《ていわ》（明の武将。十四世紀から十五世紀にかけて、七度東南、西南アジアに遠征をした）の遠征の時期に、中国の皇帝の命令で真珠を採りに来た中国人がいる、とオーストラリアの真珠採取史をやっている学者がいってる。歴世、中国人というのは、非常に変わった連中は別として、海に無縁で、何千年も内陸型の政治姿勢を続けてきた。だから、中国人が近代になるまでに海洋に関心を持ったことは、まあまあ鄭和の遠征ぐらいしか極端に言えばない。他に海洋と関係のあるのは福建海賊ぐらいのもんなんだね。だいたい中国の場合は、北の方は海に疎《うと》くて、南の広東、福建の方がまだ海になじみがあるね。近代になっても、あのあたりの秀才が海軍を建設するために英国へ留学するわけでしょう。

竜涎香で失ったマカオ

陳　海軍に入ったのは福建人が多いんですよ。福州に日本の海軍兵学校みたいなのができたり、造船所ができたり、まあ昔から海軍の強いところです。鄭成功も丁汝昌もこです。広東の方は漁業とか商売とかね。福建の金門とか馬祖あたりにいたのが海賊ですわ。地形が海賊むきなんだな。広東でも福建寄りのバイアス湾あたりもそう。

司馬　福建海賊の後裔《こうえい》が北洋艦隊の士官になったというのは面白いね。文学者の謝《しゃ》冰心《ひょうしん》女史の父君も清朝の海軍士官で、やはりあの辺の出身ですね。

陳　鄭和の場合も、あれは海外にインタレストがあったというより、非常に政治的遠征ですね。あのとき、建文帝が行方不明になっちゃったからですよ。

朱元璋が明《みん》をつくるでしょう。そして孫の建文帝に伝えるんですが、息子の永楽帝がこれを攻めて、三代目皇帝になったわけです。もう永楽帝以後では建文帝は皇帝と認めないんですけどね。ところが建文帝の死体が出てこないんですよ。いろいろ調べた結果、海外に逃げてるという話が出て、それで大艦隊を仕立てて探しに行ったんですよ。いろんな物産を持っていったり、貿易みたいなことをやってるけれども、ほんとうに貿易がしたければ、民間の海外渡航を禁じなかったはずです。あれは政治的な航海ですわね。それがなぜ木曜島に行ったのか、事情がよくわからないですけれどね。

ただ、こういうことは考えられるんですよ。あのとき宦官《かんがん》の力が非常に強かったでしょう。鄭和も宦官ですよ。宦官の中でも、後宮の女性たちの用品――紅とか、眉墨とか、竜涎香《りゅうぜんこう》を集めるやつがおった。こんなのは、いまの僕らから見たら、走り使いみたいな役目だと思うけれども、あのころはいまと違って皇帝の命令でやるわけですね。任務は重く、官位は高いのです。たとえばその前に、北宋の最後のころの徽宗《きそう》皇帝が、庭の石を集めるために国中探させたことがあった。このために国力がだいぶん消耗したんですけれども、皇帝の命令でやるわけですから、すごい権限を持っているんです。

しかし竜涎香はいくら探してもないんですよ。あれは鯨の腹の中で異常発酵したものが、鯨が死んで流れたものなんですね。これのあるところを知ってるのはポルトガル人なんですが、かれらはそのルートを教えなかったんですよ。宮中の御用達係にすれば、とにかくあちこち探さずにすむわけですから、ポルトガル人と結託する。ポルトガル人の方は竜涎香をコンスタントに供給するかわりに特典をくれということで、マカオの特別居住権を皇帝の許可もなく、その係のやつが勝手にやっているんですね。それでよく中国の現代の歴史家が、中国は阿片のために香港を失い、竜涎香のためにマカオを失ったというようなことを言うわけですよ。

竜涎香のほかに、真珠とか珍しい貝を探してこいっていうんで、潜りのうまいやつを、家族を人質にとって強制的に行かしていた、それは考えられますね。

司馬 その真珠というのはヨーロッパ人のように装飾品にしたのではなくて、医薬品に使ったのかな。

陳 これは両方に使いますけどね、この場合は後宮用ですから、やっぱり装飾品でしょうね。

中国人と海

司馬 貝からまた連想していくわけなんだけれども、奈良朝のころに、螺鈿《らでん》の技術が伝わってきた。螺鈿細工のあの美しい貝というのは、日本沿岸の貝ではなくて、南中国の海で採れる夜光貝という貝だそうですね。そうすると、ぼくが昔から不思議に思ってるのは、その貝を潜って採るやつはだれだったんだろう。

中国人ていうのは、古代に多くの発明をした民族なんだけど海に潜るということだけはやらなかったみたいでしょう。

陳 やっぱり潜ってアワビをとるというのは倭人やね。それに近いのは越ね。

司馬　僕は越も倭も共通の文化性をもっていたと思っている。越もよく潜る。しかし螺鈿は中国では古くから技術があったわけだけど、貝はどうしたのかな。漢のころは南方との貿易はないでしょう。

陳　後漢の初めごろ、伏波将軍の馬援という人がヴェトナムを攻めて凱旋するのですが、そのときに失脚する。その原因というのはヴェトナムで奪った宝物を自分のものにしたという讒言《ざんげん》にあったから。事実かどうかわからないんですが、とにかく車に大きな荷を積んでだれにも見せなかったらしい。商売やってたんとちがうかと思うんですが、そういう記録ぐらいですね、南方からの物産というのは。

司馬　われわれのふつうの日常の暮らしの中にある、たとえばナマコとかアワビとかっていうのを、中国料理は古くから使うでしょう。ところが、ナマコ、アワビは潜らんとダメだわね。日本の室町時代の貿易でも、こっちから持って行くのは干しアワビとか、干しナマコみたいなものですよね。中国ではそのへんのどこでも採れるこうしたものを自分で採集せずに、しかもあれだけ料理の中に浸透させてるというのは、どういうことなんだろう。ふつうどの国の人間でも、そのへんにあるもので料理ができ上がっていくわけよね。はるかなるものとか、採りにくいものでふだんの料理はでき上がってないでしょう。それが中国人の不思議さだな。

そうすると、揚子江の河口付近の越人たちが、潜って採っていたのかな。よくわからん。

陳　福建、広東、浙江では潜ってたかもしれんですね。潜るだけじゃなく、長い銛《もり》で突く突きアワビ、ワンパオという網アワビがありますね。数はどうかわからないけれども、いくらかは採ってたと思うんですわ。おそらく王侯貴族の食べ物の材料でしょうね。

司馬　日本だとアワビ採るには潜っていって鉄のヘラのようなやつで岩にはりついているアワビをはずしてとるでしょう。そうじゃない方法もあるんだな。

陳　ええ、でもわずかでしょうけどね。

司馬　じゃアワビが中国料理で普遍的になってくるのは最近ということになるんですね、それまでは王侯貴族の料理ということで……。

陳　「魏志倭人伝」には鰒《あわび》という字が出てきますね。

司馬　どうもアワビにこだわってしまった（笑）。

陳　中国人からすれば、海は外国ということになるわけですよ。だから洋務運動なんかで外国のものを取り入れるというと、さっき兵学校みたいなものといいましたけど、水師学堂っていうのをつくります。それは兵学校プラス、アルファの学校だよ。兵学だけじゃなくて、外国のものを吸収するということです。だから砲術とか航海術のほかに、数学や初歩の理工科など、おもに「理科系の外国の学問」をやってました。

魯迅なんか、べつに兵隊になるつもりはなかったでしょうが、最初水師学堂にちょっとおってから日本に来ていますね。だから水とか海とかいうのは、直ちに外国を連想したわけですよ。

李鴻章の私兵と戦った日本

司馬　北洋艦隊の水兵は、北洋とはいえ福建人が多かったでしょうね。

陳　それから微々たるもんですが、南洋艦隊とか閩洋《びんよう》・粤洋《えつよう》といった艦隊もあるんです。この南洋艦隊は北洋艦隊の李鴻章のところへ留学に行くわけです。それで日清戦争のときに、広東の南洋艦隊の研修艦が日本に捕まってるんですよ。講和条約会議のときに、日本側に、これは李鴻章の北洋艦隊の海軍じゃないから返してくれといっている公文書がありますね。その軍艦の名前は広何号とかいうんですよ。中国の軍艦は字とナンバーの組合せになってましてね、広十八号などというんです。

司馬　たしか大型水雷艇みたいなやつだったと思うけど、それは面白いね。日清戦争といっても日本と戦争したのは北洋艦隊で、南洋艦隊はまあ他人だった（笑）。

陳　広東のやつに面子《メンツ》ないから、返してやってくれ（笑）。この論理を日本は理解できないわけですよ。日本は中国と戦争したつもりやからね。

司馬　つまり、当時、中国は近代的な意味での国民国家でなかったですからね、清朝があるだけなんやね。清朝の皇帝の股肱《ここう》である高官というのは、まあ李鴻章ですね。その李鴻章という個人が大きな国家の財力を動かして艦隊をつくるわけで、艦隊っていうのは人間が要る。その人間のほうは、四捨五入して言えば李鴻章と師弟の関係なんだろうね。艦長さんも、丁汝昌のような提督も、李鴻章先生の弟子であるということになるんでしょうね。

そうすると、ヨーロッパ的感覚、もしくは日本的感覚からいったら、私的なものになるわけですよね。いまになって考えれば、あれは李鴻章の私兵だったということがわかるんだけれども、当時としちゃ、中国人も、いや、あれは中国のものだと思うだろうし、日本人も思ってたろう。しかし実質的には、李鴻章の私兵と戦ったわけよね。

そうしたら、李鴻章は、一隻でも沈んだら、自分の政治勢力がその分だけ減る。だから、できるだけ丁汝昌のような勇将に「ひっこんどれ、ひっこんどれ」と威海衛にひっこませておいて、結局華々しくやらんじまいで終わってるでしょう。まあ、そういうのが日清戦争の戦争としての本質やと思う。

陳 しかしね、それは中国としては新しい軍隊なんですよ。昔の軍隊は、この村に何人ていうように割り当てて、そのへんのルンペンみたいのを集めてきていたわけです。そうするとカネのないやつが金持の息子の身代わりに、金のために行くわけでしょう。ですから烏合《うごう》の衆ですわね。それを師弟関係にしたのは曾国藩の湘軍ですわ。

太平天国の乱（一八五一～六四）のときに、どうしても政府軍が負けてばっかりおるわけですよ。なんでこんなに弱いのやろう、と曾国藩も首をひねったくらいに弱い。相手は戦争に素人の百姓なのにね。これは結局、政府軍にまとまりがないからなんです。

太平天国のとき、ちょうど曾国藩はお母さんが死んで、国に帰ってたんですよ。中国では親が死んだら、二十七カ月間喪に服すわけです。実際には一年か半年ぐらいで、朝廷から悲しいだろうけど国のために働いてくれ、っていうことで出てくるんですけど、このくらいは休みます。

これはたいへん面白い制度で、親が死ぬのは息子がだいたい四十ぐらいですから、出世競争に鎬《しのぎ》を削っているころですね。それが一年ほど故郷に帰って、外から出世とか失脚とか、そんなのを眺めてるわけです。林則徐でもそういう時期がありましたしね。これで人間ができてくるんじゃないですか。お母さんが死にまして、湖南に帰ってたときに太平天国がある。かれは文部次官みたいな役で軍人じゃないんですが、近くだからというわけで、かれに団練といって、民間の義勇軍を組織せよという命令がくる。このときに、いままでの軍隊ではダメだ。師弟関係でなくてはということになる。

かれは優秀な学者で学問の弟子がたくさんいるわけですね。その連中を将校にした。その連中は、学問しにくるような連中ですから、田舎の村長さんの息子とか、有力者なんですよ。それが小作人とか若いのを集めてきて、自分の部下にする。これは人間関係で結ばれてる軍隊ですね。だから中国では新しいスタイルの軍隊なんですね。これで太平天国に勝ったわけですよ。

勝つと勝ったで、こんどは嫉妬されて、ついには湘軍を手放して将校なども全部李鴻章に譲るんですけどね。

ところで太平天国の戦さのまっ最中に、こんどは父親が死んだんですな。いくら戦争中でもやっぱり休むわけです。このときは三カ月だったかな。その間は湘軍は用をなさないくらいにめちゃめちゃになった。というのは、曾国藩が休む間、朝廷は新しい司令官を任命したんですけどね、曾国藩の弟子の将校たちが意識的にだめにしている……。

司馬　つまりサボタージュしたわけだな。

陳　曾さんがおらんとこの軍隊はあかんぞ、とデモンストレーションやってる。

司馬　朝廷から任命されただけの司令官じゃ師とは思わん、というところができてたんだね。それと、曾国藩の将校たちは朝廷から任命された将校じゃないですね。幕僚ですね。幕僚というのは、要するに辺境に行く正式の将軍が、自由に将校もしくは秘書を採用する権能を与えられるわけね。それで、自分の弟子、もしくは知り合いに、英才で、しかも学問はあるけれども科挙の試験は落ちているとか、その類いの人を集めるわけなんだけれども、そういう習慣は古くから何となくあった。けれども曾国藩というのはそういう便法的な任用制の古習を生かして、軍隊の準近代化をやってみたわけですね。

有能な秘書なら紹興爺

陳　それから、ふつうの政治でも、浙江省の紹興《しょうこう》は有能な書記のでるところで、中国では昔から有名です。政治家なんかの秘書に、そこの連中がみんな入って行くわけですね。紹興爺《や》、つまり紹興の秘書官というのは有能だという定評がありますから、それを雇うのはちょっと高いわけですけど、紹興出身のやつを雇わないと自分が二流と思われるから、みんな雇うわけですよ。それでトップはトップでやることがあるから、かれらが実務を握っているわけでしょう。ですから日本で言えば、内閣の閣僚の秘書が全部同郷人ということになりますから、そっちに話が通じれば、するすると話が通じてしまうんですよ。だから、大平と福田と会うたりしなくても、その下の紹興爺がみんなやってしまう。

それで中国にはことわざがあって、天下の形勢を知ろうと思えば紹興爺に聞け……。これも人の結びつきですね、同郷人の。同郷グループというか、ギルドだね。

司馬　紹興というのは、紹興酒があるように、日本でいえば灘五郷を大規模にした酒の名産地でしょう。酒造というのは大きな資本がいるから大旦那がいっぱいできる。古い時代の中国でいえば、大げさかもしれないが、揚州のような、金持の集まる商業地みたいなところでしょう。すると次男、三男は家を継がないから学問をする。するといい先生も集まってくる。で、知的レベルも上がる。中国の学問というのは要するに政治学だから、大官たちはかれらを用いてみたくなるよね。といって、科挙の試験をパスするというのは、宝クジにあたるようなものだから、エネルギーのある連中が紹興で鬱屈しているという状態はあるんだろうね。偉い人が紹興の人を使うと、みんなレベルが高いし、他の大官の使っている紹興爺ともうまく連絡できるし、よく調和ができるってことかな。

司馬長風という香港の人が、近刊の本のなかで周恩来さんのお祖父さんは紹興爺だったという説を言っている。これはわれわれには事実かどうか証明のしようもないことだけれども、あれだけの大政治家が出るには、お祖父さんぐらいが紹興爺であったほうがわかりやすいみたいな感じもあって、面白いなあ（笑）。

陳　紹興爺というのは政治的な意味での幕僚でしょうね、軍人幕僚じゃなくて。

魯迅でも、あれが幕僚であったら、たいへんな才能を発揮したんじゃないかと思われるところがありますね。人との交渉だけじゃなくて、文章もすぐれていますからね。あの文体で直接的な政治文章書かれたら、大変なものだったと思いますけどね。

スパイと工作のちがい

司馬　近代日本の場合は、幕僚という言葉は、非常に悪いイメージが浮かぶのですよね。参謀本部っていうのは何かといったら、あれは全部が天皇の幕僚なんですね。中将であっても少佐参謀であっても、天皇の幕僚であるという点では同格なんだね。

つまり天皇というのは、統帥権の保持者ということになってるから、それをバックにもつかれらは行政府である陸軍省とは違うんだという意識を持つようになり、かれらを魔物みたいな存在に仕上げていくもとになるわけですね。少佐ぐらいが、出先の中将の師団長をどなりつけたりするようなことができるわけなんだけど、あれは官制による紹興爺みたいなものでね。日清戦争の前には、明治十七、八年にメッケルがつくり上げた参謀本部というのがすでにできてますからね。これは、ドイツ参謀本部がカイゼルの幕僚であるように、天皇の幕僚ということになってる。

同時に、参謀本部というのは、実際にはスパイと工作をやるでしょう。そういう体質があるんですね。洗濯夫に化けたりして、大連、旅順に入ったり、いろいろしてるんですよね。日露戦争前に秋山好古《よしふる》が洗濯夫に化けて旧満州へ行ったという話がある。そこが主戦場になるというので、その山河を見に行ったという。それから秋山真之《さねゆき》も旅順港付近へ中国の平民に化けて行ってるはずです。中国は広いから、広東の人が北へ行っても話は通じないくらいに言葉が複雑だからそんなことができるんですね。

陳　だいたいちょっと北京語を習って、日本人が北のほうに行くと、福建人と間違えられますよ。福建人が北京語を発音してるのに似てるんですね。また福建は山が多くて、海岸がいりくんでましてね、ここに限っても言葉がたくさんある。温州というところでは隣りの村でも言葉が通じないところがあるくらいです。まあ、話しているうちに通じてきますけどね。だからスパイでも言葉で怪しまれるということはない。

僕も中国へ帰ると、自信がつくわけですね。訛《なまり》にしたって、南方訛のぼくよりもっとひどいのがたくさんおりますからね。だから、参謀本部がCIA的な活動をしてスパイを潜り込ませるというのは、かなりたやすいことだったろうと思うね。

司馬　日清・日露までは、参謀本部もまだ自制心があった。ところが二十一カ条からシベリア出兵、昭和初年ということになってくると、もっぱら工作ですね。スパイっていうのは、人間として卑しむべき職業もしくは行為だけれども、現実を正しく認識したいという点では、まあいいということはできる。しかし、張作霖の爆破みたいになるとスパイの感覚さえなくなって、子供みたいな謀略をやる。

それで、日清戦争を起こすということについては、朝鮮の有名な大院君《たいいんくん》によるクーデターがあるわけですよね。ソウルの宮廷に、日本人の軍人および壮士が乱入して、政治的に失脚してた大院君を担ぎ出して、親日政権をつくらして、清朝と手を切らせるということから出発するわけですね。これが明治二十七年の初めごろだったと思うんですけど、外務大臣である陸奥宗光が大鳥圭介に正式に命じてることなのね。だから、この場合、昭和史における参謀本部および関東軍のような暴走を、勝手にやりやがったと言ってのしれないわけだ。明治内閣が命じたことなんやね。

ということはね、朝鮮半島は、ロシアが取るだろうというイメージが、もう幕末のころから圧倒的にあるわけですね。しかし朝鮮半島を取ろうとしてるのが、ロシアの右翼壮士団にいたことはたしかだけど、そしてそれを皇帝《ツァー》が喜んで金出したりはしているけど、正規の首脳部におったということはなさそうです。しかしロシアの南下というのは国家の生理みたいなものですから、基本としてはそういうこともあったと思います。とにかく日本側はそう信じていた。

朝鮮の釜山までロシア領になると、日本の安全はもうどうしようもないというのは、歴史的および国家的規模の恐怖感になっている。西郷の征韓論というのも、どうやらそれが基本のようやね。西郷は、多くものを言ってないんでわからないんだけど、桐野利秋の放談にあるわけです。桐野はこれこそ西郷の幕僚だから、さかんに放談してる。桐野の話というのは、この人はほとんど学問のなかった人なんだけど、講釈のように話が面白いらしいんだな。「三国志」のように世界を語るわけです（笑）。つまり純粋防衛論者です。こういう桐野式純粋防衛論というのは昭和期の参謀本部に濃厚に遺伝して拡大するんだけど。国際情勢っていうのはそんなもんじゃないのに、いかにも列強という変なイメージをまず置いて、春秋戦国のごとく語るわけやね。

結局ロシアがやってくる。ロシアはむろん、元禄時代ぐらいには、シベリアはほぼわがものにしたけど、沿海州にはまだ及んでない。年表を見てみると、日本の万延年間にいまの中国領であった黒竜江周辺をわがものにしちゃったわけですね。万延年間で朝鮮と境を接した。それをイギリスが恐れる。一時期、朝鮮の南部にある巨文島というちいさい島を日清戦争の前に、イギリスが占領したことがありますね。これは侵略的に占領したんじゃなくて、ロシアがもし南下したら、この無力な朝鮮は自衛も何もできなくて、ロシア側につくだろう、そのときに、イギリスの立場を軍事的に鮮明にしなきゃいけないんで、まずこのへんにツバをつけておこうということでしょうけどね。

それから、ヴェトナムをフランスが清国から取ってるでしょう。ヴェトナムの清国における位置というのは、当時の伝統的な中国風の国際感覚で考えると、属国ですね。だからフランスがヴェトナムを取ったということは、朝鮮というものが国際関係の中で非常に軽いものになったわけよね。この道に落ちてる紙を拾わなきゃ損だということになったわけだ。ここで一番拾いたいやつは日本ですね。

タオルを売り歩く資本主義

司馬　当時の日本の資本主義というのは、もう未熟というようなものじゃないな。紡績会社が二つ三つあった程度だからね。日本の資本主義が市場を朝鮮に求めるなんていうことはないわけだ。きわめて参謀本部的な発想から、朝鮮をとにかく押えておかなきゃならないということになる。

ところが李鴻章が握っている清国を挑発しようにもしようがなかった。それを人工的に大院君を担ぎ出して朝鮮に政変をおこすことによって挑発したわけですね。日清戦争というのはそういうことだね。

ふつう教科書的に言えば、明治二十七年の初期ぐらいに、東学党というナショナリズムが朝鮮に起こった。これは朝鮮の近代前夜の苦しみの上から重要に見ることもできるし、軽く見ることもできる。東学党そのものの言ってることというのは、新興宗教みたいなことを言ってるだけで、正体がよくわからないままにポシャった。ソウルの政権が東学党をこわがって、清国に援兵を求めたわけね。そのころソウルは非常に動揺してて、最初はドイツ人顧問の建言を入れて、ロシアと結ぼうとしたときもある。それから和も洋もみんな追い出してしまえということもあったりしてるんだけれども、一番基本的なのは、ソウルの大官たちは国際情勢がまったくわからなくて、外交の能力がなかったために、北京の李鴻章が代行してたようなもんでしょう。

結局、李鴻章は朝鮮で跳ねかえっている日本を押え込まなきゃいけないというので、袁世凱を中国の代表として韓国に駐在させた。この李鴻章、袁世凱が中国近代前史の筋目になってゆくわけやね。曾国藩の弟子が李鴻章で、袁世凱がそのまた弟子、李鴻章の直接の後継者ね。そういうことがソウルに集約されている感じだね。それでわけわからないうちに日清戦争が始まる。

だから日清戦争というのは、日本の資本主義が明治元年に成立したとして、それが市場を求めて起こったと言えばわかりやすいんだけど、まったくそんなものはなくてね。当時の日本の商人は何をやってたかといえば、がらの悪いやつがタオルかなんか持って行って、そのタオルもイギリス製で、それを売りつけて暴利を稼いで、朝鮮の自給自足経済を大混乱に落し入れてたということぐらいですね。それと日本酒を持ってって、「これ飲め、これ飲め」と売ってまわる。日本酒を「正宗々々」といったらしいんです。だからいまでも朝鮮人は、日本酒のことをチョンチョン（正宗）言うね。亀の子束子を売ってまわったのもいる。しかしタオルが一番需要があって、それから綿製品だった。ろくに資本主義ともいえない。

まあ、日本が近代化する上で一番の失敗は、朝鮮を占領したことだと思います。なんでそんなことになったかと言ったら、日本は幕末において外からの圧力で興奮して統一国家を作った。外からの圧力に対して、攘夷エネルギーが収まりつかんほど沸騰した。攘夷エネルギーというのは、いってみれば異常心理ですからね、自分がやられるという……。中国がやられている、朝鮮も眠ってるからやられるだろう、その次はこっちだ。だからやられる前にこっちから出て行け。なんの実質もなくて、観念だけが先走って朝鮮を占領してしまった。実質っていうのは、資本主義になったんなら資本主義的リアリズムっていうのがあるわけなんだけども、そんなものなにもない。観念だけが先行して、朝鮮に踏み込み、日清戦争を始める。清国との戦争において、何が要《かなめ》かというと、本能的にそれは李鴻章だ、とはわかってたんだろうな。それで日清戦争でもって李鴻章の陸海軍をやっつけて、かれを講和談判で下関まで来させる。それでもう話は終わりというわけなんだ。

領土欲のない膨張論

陳　しかし、日本は日清戦争の結果、遼東半島と台湾の割譲を受けますね。ここで現実に北と南を植民地にしたものだから、現実的に北進論と南進論に分裂して参謀本部内にそういう体質ができてくるんでしょう。

その場合、台湾を経略して、それを踏み台にしてもっと南に伸びるという考えと、あまり南に行き過ぎるとこんどは北が危ないという考えにわかれる。だから日中戦争の初めも終わりもそうですけど、一番気にしてるのは、戦争してたらソ連がやってくるということでしょう。

司馬　そうそう、そればかりの懸念ですね。

陳　だから、徐州戦でも現地の要求した兵力を与えてないわけでね。関東軍を動かさない。

そうすると、台湾を取るということは、対ロシアの観点からすれば、一貫性を欠く原因になりかねない。いったい西郷従道《つぐみち》のころから、計画的に狙うておったのかな。

司馬　僕は目的はなかったと思うね。あれは官民ともに壮士気分の横溢した時代で、何か捌《は》け口《ぐち》をさがしているときに偶然ころがり込んだ好材料だったんだろうと思う。北進論南進論というのはもうちょっとあとで出るわけであって、これは茫漠《ぼうばく》とした一種の膨張論ですよ。この膨張論ていうのは、要するに江戸末期に出てきた純粋防衛論で、これがいかに馬鹿なものであるかを他民族と自民族の犠牲の上で知りつくしたはずだと思うけども。

マゾヒズムとしての攘夷アレルギーがサディズムとして出ていく。ところが領土欲はあまりない。領土欲がないっていうことは、資本主義がないからね、領土とったってしようがない。だから純粋防衛論ですね。純粋防衛論というのはつねに政治的には空論なんですけれど、ただ時勢の気分というものが加わると、ぶつ方も聞く方もホンモノのように錯覚してくる。幕末では、佐賀の鍋島閑叟《かんそう》のようなお大名がいろんなことを言ってる。それから島津斉彬《なりあきら》のような大名でも、南はニュージーランド、北は直隷省まで兵を出すという。この場合は、非常に中国を尊敬していた時期だから、中国を援けるということが背景にあるね。九州の諸藩は南へ行け、そしてイギリスの勢力を防げ。東北の諸藩は沿海州へ行ってロシアを防げ。近畿や中国の藩は直隷平野へ行け。その防げというのは何のためかというと、よくわからない。それはべつに儲けるわけでもない。つまり日本は防衛不可能な地理的位置にあるから、守るとすればそれしかない、ってことでしょうな。

また、鍋島閑叟は、いや北進のほうがいい、ロシアが一番こわいんだ、シベリアに来てるじゃないか、そのために帝都を秋田に置くべきだということを言ってるわけね。そういうことを、大名まで言い出す。江戸の殿中まで動かすには至らないけれども、大名までは動かしてるわけでしょう。それが明治維新になるわけでしょう。

そうしたら、ニュージーランドが台湾になっただけのことでね。台湾はころがり込んできた問題であって、たまたま琉球人の漂流者が向こうで原住民に殺された。ただそれだけの事件なんだ。結局、この問題は実に魔法みたいなんだな。つまり大久保利通がわざわざ北京に行って、北京の総理衙門《がもん》に出向く。そのころ北京にはもう立派な西洋式ホテルがあって、そこへ泊まり込んで、粘りに粘るんだけど、ここで一番大事な問題がすり抜けてしまったということがあるんです。琉球は、沖縄は日本国であるということが大前提になっていて、そのことを中国側が突いてこない。突いてこずに、日本人が高砂島で殺された。殺したのも実は漢民族じゃないわけよね、高砂族なんだ。それを、これを何とかせい、しなきゃ出兵だ。それでガタガタやった。琉球の人たちは民族的にはどうも日本人らしい、とは思ってたでしょうけど、政治的、経済的に考えれば、中国をもって宗主国だとしていたと思います。中国へ朝貢して、十倍ほどの物をもらってくる、在来その方がいい、と考えてた。福建には琉球館がありましたね、領事館兼貿易処といった……。そこまで中国との関係は濃厚だった。その琉球の帰属問題がすり抜けて、あっというまに日本の領土として清国がみとめた形になった。

陳　広東にも琉球館の支店みたいなのがあったんです。林則徐が阿片戦争のときに北京から広東へやってきますが、そこで故郷の福州への手紙を琉球の人に頼んだりしている。琉球側からすればかなり熱心な関係なんです、なにしろ儲かりますから。一の物を持ってきて十の物をもって帰るんだもの、中国側にとってみればこれはしんどい。

司馬　大変な損だもの。

陳　だから制限するんですよ。来るのはいいけど、三年に一回にしてくれとかね。それでも毎年でかけていく（笑）。日本の遣明貿易もそうですね。十年に一回にしろ、って言っても八年ぐらいでやってくる。一回に船は三隻にしてくれって言っても四隻でくる。くれば宗主国の体面からいって、それ相当の物を持たせて帰らせねばならない。まあ、琉球側にとってみれば、中国との関係は熱心にやったわけです。

司馬　それはそうでしょうね。で、その台湾問題のころの東京の政府っていうのは、清国とことを構えたら負けると思ってるから、非常に怯《おび》えてるんですね。大久保というのは剣ケ峰で勝負してるわけで、出兵だ出兵だと言いながら、出兵したら清国に負けると思ってる。ところがガタガタするうちに、明治七年（一八七四）西郷従道が、政府兵もいるけど、壮士みたいなやつを乗せて長崎から台湾に向けて出ちゃった。待てという命令が来たのに、命令違反で出たわけでしょう。それで結局、台湾を占領した。

中国も、あのころは台湾なんてどうでもいいという態度もあったわけかなあ。台湾というのは、北京の政治家にとってどれだけの重い認識があったかどうか。まして琉球なんて言われても、地図も出してこなかったんじゃないかと思うな。

陳　まあ琉球というのは、中国にすればお荷物な感じがするから、知らん顔しとけというような、宗主権の主張をしないということがあったんじゃないかな。ただし台湾はどうかな？　鄭成功が割拠していた土地だし、その重要性が清朝の首脳にわからないはずはない。だから、福建省管轄だったのを一八八五年に昇格させたのだが……。

司馬　結局、明治二十七、八年（一八九四、五）の日清戦争の結果、清国によって台湾は放棄されるわけだ。それが南進論と結びつくのかどうかはよくわからないな。

陳　拠点ができたわけだ。

司馬　つまり明治政権というものも、イマジネーションの力というのは非常に弱いわけです。イギリス人はアジアに来て、よくよその国を取る。フランス人まで来てヴェトナムを取る。ああいうまねをしようじゃないかというだけでしょう。まねであって、資本主義的なリアリティがないわけですよ。かれらは市場を求めて来ているわけだけれども、こっちは市場をつくるほどの生産力がなくて行くわけでしょう。それじゃ軍事的なものかといったら、軍事的なものでもない。南進となると、軍事的に茫漠としちゃうわけ。北進だけは、ロシアの南下っていうのが、江戸末期からの大変な脅威ですからね。これは日本人のいまに至るまでの政治意識の中にしみ込んでしまってる恐怖心でしょう。それが伝統的にあるわけでしょう。だから北進ていうことになると、軍事的にはその範囲内での多少の心理的リアリティがあるわけね。南進になると、冒険小説みたいになってくるんだけれども……。

日露戦争の原因

陳 あのころの一つ一つの動きが、みんな玉突きみたいに響いてくるでしょう。一八七一年の日本漂流民殺害事件のとき、日本が兵隊を出す→大久保が北京へ行く→そのために、そのころ清国に回教徒の乱があるんですが、その討伐が遅れるわけですよ。そうするとロシアが新疆伊犂《しんきょうイリ》地方に入ってくるという具合ですね。

司馬 大久保が北京に行ってるころには、新疆省にずかずかとロシアがやってきて、居すわりはじめたわけですね。

陳 左宗棠《さそうとう》あたりは蘭州ぐらいまで行っておったのかな。兵隊出せと言っても、日本がゴチャゴチャやってるから予定していた兵隊は福建、台湾など南方にまわされた。それどころか軍費もこない。福建巡撫（省長）の沈葆楨《しんほてい》、この人は阿片戦争の英雄林則徐の娘婿ですが、管轄下の台湾に西郷従道が攻めてくるというので、税関を担保に外国商人から二百万両《テール》借りている。政府には金も兵隊もない。左宗棠も動きようがない。それにつけこんでロシアは新疆の伊犂地方を占領してしまう。えげつない話だが、帝国主義時代ではあたりまえだろうね。このときのロシアのやり口のひどさが、現代まで尾をひいて、中国人の反ソ感情を形づくっているね。

司馬　左宗棠は名将やね。新疆省を守る将軍だったんだけれども、要するに、生涯を対露問題に捧げた将軍というよりも、将軍でありながら珍しく国際的な感覚もあった。特にロシアの侵入ということに、人柱みたいなものになった人ですけどね。いまの中国の見方から言ったら、外へ出てしまう人だから評価されないですけどね。

陳　つまり太平天国を弾圧した人ですね。林則徐はいまの中国では評価されてますが、かれは太平天国が始まるとすぐ死んでますからね。

司馬　だから、中国はヴェトナムを取られたと思ったら、こんどは台湾、それから新疆省でしょう。

陳　あのときに武器とかそういうものを、対ロシア用につくろうとしたんですが、日清戦争の賠償金でまたできんようになってしまったわけですね。そうするとロシアの圧力は強くなる。だから日本は日露戦争の原因も自分でつくってるわけですね。清国を叩くことで、清国の国防費が出んようにしてしまった。そうすればロシアは南下しますわね。

司馬　日清戦争のあと、ロシアは浸透するようにして東北地方に来てるからね。ハルビンがロシアの町になるのは、日清戦争のあとほどなくでしょう。ロシア人が黒竜江を越えるのは平気になってきてる感じ。これが日清戦争がロシアに与えた影響じゃないですか。これが結局、日露戦争の原因になる。

陳　特に新疆のほうははっきりしてますね。北京からの返事が、日本に賠償払わなきゃならんから辛抱せいっていうことですね。

司馬　東北地方の日清・日露戦争前後における中国軍隊の質からいったら、曾国藩、李鴻章の湘勇、淮勇という式を東北地方に持ってったら、ロシアを何とか遠慮させることはできたかもしれませんね。つまり軍事的機械の差はその後ほど懸絶していない。

陳　ただ東北地方というのは清朝の時代は特殊地帯ですからね、王朝の発祥地ですから。それに盛京将軍とか黒竜江将軍というのが任命されていて、軍政が布かれていたんです。だから長いあいだ緑旗営（漢族部隊）はなかった。だいたい満州八旗（満州族の旗本部隊）がだめだから緑旗営、その緑旗営がだめだから湘勇、淮勇という順序になるんですが、ですから東北はむずかしかったわけ。

司馬　江戸三百年で、将軍のお膝元の江戸の旗本八万騎が弱くなったように、満州族の聖地の兵隊が弱くなっている。義勇軍が成立する状況がなかったわけですね。

陳　まあ太平天国のような契機がなかったせいもあるんですけど、ロシアの圧力というものはありましたからね。それからあのころは東北地方では土地はみんな満州の王族、貴族の領地ですからね、漢人の地主なんてのはいないわけ。やはり湘勇とか淮勇とかいう義勇軍は、地主がいて、自分の土地を守ろうじゃないか、ということでできるんで、新しい軍隊ができる素地がないんです。

それから、日露戦争で、あのへんが荒廃するわけですね。そうすると、そこの年貢で北京で遊んでる満州旗人というのは、生活費がこなくなったんです。これがまた清朝の基礎を弱めるわけですわ。旗人がみんな貧乏してしまって、気力喪失する。金もなくなったから、よけい弱くなってしまったということですね。

満州を乗っ取ろうとした張作霖

陳　じゃあ東北の主人はだれかっていうと、ロシアが入ってきて日本にやられる。日本が鉄道を敷く。そこで軍隊組織というのは馬賊的なものになってくるわけですね。だから、そこにいた盛京将軍たちは、そういう馬賊を討伐しなきゃいけないでしょう。ところがもう戦うには弱体化しているから、馬賊の買収ですよ。お前なんぼやるから暴れるな。それから官職を与える。そんなこんなで張作霖がのし上がっていくんですね。

張作霖という男は、日露戦争のときには、これは自分の身を立てるチャンスだということで、初めロシアが勝つと思うんですね。だからロシアのために働こうと思って、手下を十人か二十人、尻からげみたいな兵隊なんですけど、つれて行く。ところがロシアのために工作してたところを、日本軍に捕まっちゃうんですよ。それで首を斬られるときに、これは見どころがあるから、ちょっと面白そうだからというので助かる。

この人は背も低いし、顔みたら穏やかな顔してて馬賊って感じじゃないんです。大変な悪党ですけどね。殺されるってときでもね、度胸がよくてね。だいぶんロシアのためにもうまくたちまわって実績を上げてたらしい。これは日本のために使えるじゃないかということで、こんど日本が使ったんですね。それが張作霖の立身のもとですよ。

つまり日本のために働いた張作霖ていうのは、常に日本の勢力を後ろにしまして、政府軍の帰順勧告に応じるわけですね。かけひきがあるわけですわ。大佐にしてやるからと言ったら、少将にしてくれというふうに（笑）。明を建てた朱元璋も組織を自分で作って、それに乗って天下をとるんですけども、張作霖というのは組織作りじゃないですね。バイ菌みたいに入って行って、それを自分のものにしていく。そんなのがあそこの天下を取ってしまうんですからね。

だから、張作霖はいわば日本の中にいるわけですよ。最後は日本を乗っ取ろうと思い出したらしいね。だからイギリスと結んだりなんかして、結局殺されるのはそういうことが原因だと思いますけどね。だから張作霖ていう人も面白いですね。字は、張作霖てサインしてますから、名前ぐらいは書いたんですけど、ほとんど無学文盲なんですね。でも、だれよりも勘は働くわけですよ。どこに行ったら一番儲かるか。

司馬　あのころの満州馬賊というのは、前に陳さんが言ってたみたいに、消防団みたいなものだという……。

陳　そういうのもあるんですよ。

司馬　いろんなのがいるわけだけれども、それを何らかの形で系列化していったんやろね。張作霖の場合は、やくざの組みたいなもんかな。

陳　そこの舎弟になって、だんだん上がっていく。張作霖の経歴をずっと調べてみると、みんな子分として入っていくんですよ。いつの間にか親分を殺してそこを取っていく。ずいぶん殺しているんですね。おそらく彼は、最後は日本の満州を乗っ取ろうと思ったのと違いますか。

司馬　そこまでいくのが当たり前やろね。

陳　その手としては、英米と結ぶということを考えとったんでしょうね。

司馬　まあアメリカの場合が具体的なんじゃないかと思うけども。日露戦争の結果、南満州における諸権益を日本が得て、鉄道を敷くということになったとき、日本の資本主義的な力ではできないわけね。それよりもアメリカの財閥から手伝わせろという申し出が、わりあい公式にも非公式にもあったようですよね。本当言えば、それをやっておけば、ゴタゴタ起こらなかったかもしれない。むろん結果としては新中国ができるけれども、チャンチャンバラバラは少なかったろうと思うね、いろんな勢力が入るから。ところが、セオドル・ルーズヴェルトかなんかが忠告したんだろうな。アメリカの財閥が行こうとしてる気配があるけど、それは断わったほうがいい。どういうつもりで忠告したかよくわからないけどね。結局、具体的に言うと、満鉄というやつを自前でやり出したわけね。

鉄道を敷くというのは、十九世紀末までの輝ける文明のシンボルみたいでしょう。だから、ムリにムリを重ねて満鉄をつくった感じですよね。そこにいろんな問題があるんだろうなあ。

ともかくも満州トゥングース出身の清朝が滅んでから、その故郷の地である旧満州は「無主の地」という印象がひどく身勝手な形で日本にあった。本来長城の内側が中国であって、長城の外は中国ではない、ということだけど、とくにのちに石原莞爾がそれをとなえたでしょう、人種論的には日本人のものだというふしぎな論法で（笑）。この理屈を延長させると北米も南米ももともとインデアンの居住地だから日本のものだということになる（笑）。人種論という妄想と流行のアウタルキー論がどういうわけだか合体して——つまり時勢のおそろしさということだけど——そういう白痴的な議論がまかり通った。時代の熱病がすぎたいまからふりかえるとウソみたいな話やけどな。

参謀本部の腐敗

陳　そのころの参謀本部はどうですか。中村震太郎とかいたでしょう。

司馬　小学校二年生のころかな、歌をうたわされたなあ、「ますらお中村震太郎、ゆくてはいずこ興安嶺……」。（年表をひろげながら）「昭和六年六月、陸軍大尉中村震太郎等中国兵に惨殺さる」とあるなあ。中村という人は陸軍参謀本部の部員で、たしか対ソ戦がおこった場合の地図を作るために興安嶺あたりに行ったのでしょう、変装して。軍服を着ていれば国際法上べつの問題になったのだろうけど、変装しているから現地の中国部隊から一介のスパイとして処置され、銃殺された。

これとは別に、関東軍参謀部という謀略の府はいわゆる満州事変をおこそうとしてさまざまな謀略をしていた時期だけに、この事件を利用して一挙に国民の世論を沸点にふきあがらせようとして新聞発表をして大さわぎをさせた。僕ら小学生が歌わせられていたのも、その国内工作の一環だったのでしょう（笑）。いま思えば、死んだ中村大尉もうたっている僕らもいい面の皮のようなものだけど。

しかし、地図を作製する程度のことなら、なぜ現地の特務機関がやらなかったんだろう。

日本は、日清・日露戦争をやる場合もそうだったけど、前もって参謀本部の正規将校が予定戦場を偵察するために変装して現地へゆく。スパイです。常設じゃなかったんだけど、それでは間に合わなくなってきて、常設化したのが旧満州における特務機関というものでしょう。もとはここにしかなかった。たしかハルビンが総元締でね、陸軍中将か少将あたりが行く。

特務機関の研究というのは、近代史の日本と中国の運命を変えることに重要な要素になったものでありながら、平凡社の「世界大百科事典」にも出てないし、河出書房の「日本歴史大辞典」にもその項目がないし、「社会科学大事典」にもない。満州事変前まではまだ小規模だったみたいだけど、その後ずいぶん手広くやりはじめている。

人事的に言えば、機関長は陸大出身のエリートです。ただ陸大をトップで出たやつは行かないみたいやな。平和なときならだいたい少将どまりなんてのが行くわけ。陸大をトップで出たのは作戦課かなんかに行く。

僕は昭和十二、三年に特務機関の機関長だった人に聞いたんだけれども、黒竜江の向かいにブラゴベシチェンスクというところがあって、そのこちら側に黒河《こくか》という町がある ね。「国境の町」っていう流行歌あったでしょう、他国の星が輝いているっていうの。それはこの黒河の町のことらしいんだけど、そこに領事館があり、その人はそこの館員になっている。身分は陸軍少佐で東京の参謀本部の幕僚なんだ。

で、背広着てて、土地の祭りがあって招待されると、兵器の数を数えて帰ってくる。大砲何門、戦車何台って、大変な記憶力で。それでソ連の「陸軍画報」を持って帰ってきた。これは大変なものだ、って東京へ送ったんですね。ところが東京では「こんな物、バカじゃないか」って捨てちゃったって言うんですね。これ、ノモンハン事件の前のことですよ。この本にソ連の水陸両用戦車が出ていた。こんなの試作品をグラビアに載せてるんだ、って東京は黙殺したわけですけど、あとでノモンハンでひどい目にあってしまう。お粗末なもんやね。

そうした連中は、全部工作と諜報のためにおるわけね。何の工作してるんだというと、たとえばハイラル特務機関なんかは主として大モンゴル主義をモンゴル人に吹きこむ。つまり東北地方の興安嶺からハイラルにかけての平原は、清朝およびそれ以前からモンゴル地帯なわけです。そこで、人民共和国になってるウランバートル・モンゴル人とは一つじゃないか。だから一つになるよう、一つになるようということを言いに行ってる感じがあるな。一つになることが、日本にとってしあわせなわけ。ソ連にとっても中国にとっても不しあわせなわけです。

最近ニューギニアかどっかで民族運動をけしかけている日本人がいるという記事を読んだけれども、むかしからあのクセがあるんだ。それはよその国だから大変なことになるのに、そういうマッチをつけに行く仕事があるわけね。

それがいまだに尾を引いてる。ウランバートルのほうの憲法でも「極端なる民族主義を排す」という一条がある。具体的には大モンゴル主義のことで、日本の特務機関がやった後遺症です。それをやられると、ソ連も中国も変になってしまう（笑）。

宦官はＣＩＡ

陳　ＣＩＡもさかんに謀略をやりますよね。

司馬　初めは軍隊の戦略情報をやってたんでしょうが、あんなのはなんぼでも膨張するもんやね。ＣＩＡは自分自身の意志と機能と正義感を持つからね。

陳　近ごろアメリカでＣＩＡになりたがってるのが多いっていうけど、あれは簡単にやめられるのかなあ。元ＣＩＡっていうのの話をよく読むけど……。

司馬　さあ、どうだろう。日本の場合はもっと素朴なものだった。日本の参謀本部や特務機関のポストの長っていうのはみんな身分が保証されていた。だからいつ連隊長になって出て行くか、師団長になって出て行くかわからない。出世の一ポストでしかなかったというのはやや救いだけど、その体質はその後日本の政治体質に深くしみついたね。やはり、後世の歴史家は戦後の歴史を見るときに、それを踏まえてくれた方がいいですね。

陳　中国の宦官《かんがん》というのは皇帝の情報係だったんですね。もとはここですかね。これは身分としては、非常に強い。皇帝の身のまわりにいて世話をする、話の相手をするわけですから。かれらは自分たちの宦官の組織を使っていろんな情報を集めてくるわけですよ。正しい情報を集めるためにかれらを使っているんですけれども、宦官がだんだん権力を握ってきますと、作り事の情報を入れるようになってくる。明の末期がそうですね。

日本の忍びの者とか御庭番ていうのは職業ですか。

司馬　まあ、時代小説の世界になるけど……。御庭番はたしかに庭先掃除だから、将軍のそばにいる。大名の場合でいえば、薩摩の島津斉彬が西郷隆盛という男は面白いというときに、身分からいってかれをそばに引きつける方法がないので、御庭番にした。これは純粋に庭掃きなのね。だから斉彬がご飯食べて、庭でも散歩しようかというときに、かれと直接話ができる、という状態にしたわけです。お庭番はスパイとしてはそんなに機能していない。

陳　普通、皇帝の前へ出るって人は、庶民の中に入って行かないような人でしょう。ところが宦官ていうのは身分の低いところから出てきてるんですね。清朝末期には罪に触れたから去勢されたのというのは少なくなって……。

司馬　自分でやるわけだな。

陳　宦官になると就職できるからというので、自分の意志で去勢するというのが多いんですよ。ですから実家はみんな貧しい。かれらが被統治者のナマの声を聞いてくる。これは組織としてはとてもいいんですね。

ところが、庶民の力が強くなってくると、宦官たちの握っている情報が重要になってきて、情報提供権が強まってくる。すると自分たちの情報しか皇帝の耳に入らないのだから、このへんまでは耳に入れて、あとは入れないことにする、とかいうことになってきて、これは宦官たちにとっては面白いでしょうね、操作ができますから。独裁君主制だから、皇帝の言葉が絶大な力をもっている。宦官にしてみれば、自分の言葉が皇帝の言葉に反映するのだから、皇帝はロボットみたいなもんですよ。唐の末期にもこういう状態がありました。

もっと古代になりますと、楽府《がふ》の役人というのがいるんですよ。これが民間へ入っていって、いまどんな歌がはやっているか、集めてくる。これが王様の情報源になっている。いまの政治が悪い、苦しいというのはすぐに歌になりますからね。

そうやって楽府の役人が集めてきた歌はたくさんあるわけです。それを孔子が選択したのが「詩経」。これはポルノやから、はずそうとかね（笑）。大きなネズミが倉を食べたとか歌っておりますが、悪い奴らがおって国の富をかじっているということではありませんか、などという情報提供者が側近にいたということです。

それでずっと近代になりますが、国民党の中にもそういう情報組織ができるんですね。

戦争中の軍統——軍事統計局ですね。ここに少将ぐらいの男で戴笠《たいりゅう》という大変なのが出てくる。まわりはピリピリするわけです。この男の下に段階的な組織があって、下からだんだん上がってきて戴笠を経て蔣介石の耳に入るという仕組になってるんです。この男は終戦直後に死にましたから、それでこの組織もだめになるんですけれども。こういう組織というのは大勢の人に知られてはいけないんで、みんなそれぞれの親玉しか知らないし、知らされてないというところがあるでしょう。それで最後のところを握っているのは一人じゃなくてはいけないという考え方で、それは戴笠がつかんでいる。それでかれが飛行機事故で死んじゃうと、国民党の情報機関は半分ぐらいに壊滅したんじゃないですかね。

とにかくこの戴笠は身分は高くなくとも、昔の宦官みたいに蔣介石のそばに仕えているんですから、何応欽《かおうきん》でも陳誠でもびくびくしている。

司馬　しかしおかしな時代やね。この間行ったオーストラリアにもＣＩＡがある。あんなのんびりした国にもアメリカのまねをしてそういう組織を作ってある。なんでこんなところにＣＩＡがいるんですか、って聞いたらみんな笑ってたけど……（笑）。そういう時代なんやね、これは一種の悪の時代だけど……。

オーストラリアはちょっとマゾヒズムのところがあって、自分の国は豊かな大地で、これをアングロサクソン系の白人で独占していたい——それはそれでいいんですけども、べつに基本産業というのがないでしょう。ですから資源を売って豊かに暮らしている。だから資本主義的によそと競争するなんてことはなく、のんびりしている。けれどもよそから攻められるかも知れない、とは考えている。

そのよその国とはどこかと言ったら、それは古くから日本だったんだな。いまは日本も順番が下がったけれど……といってもまだ三番目ぐらいにがんばっている（笑）。その後は中国が攻めてくるかも知れない、と考えていそうだ。中国が攻めてくるはずないと思うけどね。いまは、といったらやっぱり隣りのインドネシアなんだ。その程度のことをCIAが調べているのかな（笑）。

ブリスベンという町で新聞読んでたら、一面の中国のニュースの中に天安門を劇画ふうに描いた挿絵があったんですけどね、これがまあジャカルタあたりにありそうな中華料理屋の門なんだな（笑）。その程度の情報しかない国だから、かえってこわくてCIAもってるのかも知れない。CIAもつことによって、おれたちも大丈夫だといったふうな（笑）。

関東軍の謀略的体質

司馬　ソ連のKGBというのはすごいそうやね。自国内にいろんな民族をかかえているし、第一皇帝《ツァー》のころからの伝統がある。ロシア革命前の革命派に対する秘密警察の有能さといったら、無気味なほどでしょう。

日本は江戸時代はさかんに密告を奨励したみたいなところがあるから、密偵制度があるわね。銭形平次はスターだけども、実際はああいう仕事やってたのは過去に悪いことした人を使ってるんやね。それを許してもらうために目明しになる。かつての悪の巣の情報に明るい、そういう情報マンやね。

明治政府は、士族の反乱などあって浮草のような政権だったから、東京はいまにつぶされるという意識があった。だからさかんに密偵を使った。これは江戸期的なものの継承と、もう一つはそれを近代化した川路利良の警察ですね。これはだいたいヨゼフ・フーシェの作ったパリの政治警察をまねしたものですからね。フーシェほど悪いやつもいないけど、あんな有能なのもいないと言える。体制側に立っての、人の悪をえぐり出す有能さね。同僚はもちろん上役の大臣の秘密までひき出すんだから、だれもフーシェにかなわない。川路はこれをそのまま日本に持ち込むことが文明を開くもとだと思ってるわけですよ。ですから当然政治警察の面を持っている。日本の国内的なスパイの公安の始まりですね。しかし帝政ロシア末期の警察を見たらフーシェだってとても及ばないって頭を下げたでしょうね。

そういうことが下手なのが新中国じゃないですか。政治学の歴史が古くて、情報にも敏感なはずですけれども、そのようなあくどい情報を扱うセンターというのもなさそうだし……。いまの中国が世界でも珍しく素直な国だって言うのは、この面からも言えるように思います。

陳 モンゴル工作の変形に百霊廟事件があるでしょう。たしか、日中戦争が始まる直前です。日本人がモンゴル人を集めて、百霊廟をこれは蒙古の土地だから、奪えっていうわけでやるんですけど、そこに中国側の軍隊が傅《ふ》作義《さくぎ》という将軍に率いられておるわけで、それにやられちゃったんです。それで日本の将校が戦死してますね。これは、いま日本の史料では、辻政信が勝手にやったことになってますけど、はたして勝手にやったものか、よくわからない。どうせそんな工作するのに、ちゃんとした命令はないでしょう。おそらく「当局は一切関知せず」(笑)。記録としては、日本は公式に関与しなかったかもしれないけど、ほんとに辻政信のとび上がりでやったのか何かの一環でやったのか、ぼくもわからないんですけどね。もし日本の強力な関東軍のバックアップがあったとすれば、あんなチャチな煽動の仕方はおそらくしない。あるいは中国軍の力を過小評価したのか？ そうしたあやしげな謀略から吹き出したものは、それにいたるいきさつが正式な記録に残らないから、わからないわけですね。

司馬 その小さな話を大きな話に持っていくと、要するに、日本の参謀本部というものをきちっと調べないと、昭和史はわからないということですね。それも、昭和何年における作戦課長はだれという名前じゃないんだね。だれがやっても同じことをする権能と機能みたいなものがある。それが魔物みたいになってる。それが工作する。あらゆることをやった。それは全部非合法なんだけど、後追いで正当化されていく。そういうものをきちんとしないとわからないですね。

たとえば、モンゴル人民共和国に行って、ノモンハンの話なんていうのは、あれは侵略だっていうんだから、できっこない。あれでモンゴルは建設中にどれだけ被害を受けたか、教科書にまでなってるんですからね。ノモンハンの拡大を恐れて東京の参謀本部が関東軍の参謀たちにブレーキかけようとしたときに、「北辺の瑣事《さじ》は関東軍にまかせられたし」という、有名な、あれは辻政信らしいけどね、そういう電報を打ってる。北辺のそういう瑣事としてしか、日本の近代史の中には出てこないんだけど、モンゴル人民共和国では教科書の何ページかの大事件になっている。日本に対する基本的な憎悪はないけど、日本帝国主義への憎悪はノモンハンに集約されてる。実に意外なことなんだ。それは全部謀略的な発想から出たものばかりですよね。ノモンハンは謀略じゃなくて、謀略的体質から誘発されたものでしょうけどね。

二流の情報に踊る

陳　日本の謀略には議会の承認がいらない機密費があるために、それにくらいついてくる変な人物が多いですね。日中戦争の最中、傀儡《かいらい》政権をつくるときに、呉佩孚《ごはいふ》の担ぎ出し運動があったわけですね。

最初は、老政客唐紹儀を担ぎ出そうとするんですよ。唐紹儀は上海でテロでやられちゃうんですがね。これは清朝末期の郵伝大臣かなんかで、七十いくつのおじいさんですよ。こんなのを担ぎ出す。こいつが殺されたら、呉佩孚っていう、北洋軍閥のどうしようもないおじいさんですよ。十数年前にもう結果が出てしまった人ですわ。それを一所懸命工作してるんですよ。そんな人物で、中国人がうごくと思っていたのか? そうとすれば、認識不足もはなはだしいよ。それでずいぶんと金を使ってるんですね。汪精衛(汪兆銘)のときの何十倍という金を。どうもよくわからないんですけど、いろんな人がポケットに入れてしまうんですかね。

司馬　呉佩孚というのは辛亥革命さえ理解できなかった骨董品でしょう。ともかく日本は旧満州というものをガチャガチャにしたわけだね。そして支那浪人のようなものが、参謀本部の機密費とか、現地の機密費をポケットに入れて何かする。そういうものがあると、必ず腐敗するんですよね。参謀も腐敗する。使ってるやつも腐敗する。昭和十年代の高級将校の腐敗というのは、どうしようもないですね。料亭に行ったりいろいろする、その腐敗ですね。その根源は、満州事変からやと思うね。

……呉佩孚であっても、汪精衛であっても、比較的肩書きから見たら一見筋目ふうの人みたいのを引き出すとか、あるいはそれを殺すためのものだとか、中国側も、ものすごく悪いやつがそれに応じて仲間になってくるわけでしょう。それの悪というものに、関東軍司令部まで染まるわけやね、そういう毒の中にいるから。人事の行き来があるから、それは同時に東京の参謀本部も染まる。「アジアというのはそんなもんだぜ」というたかをくった思想ができるうちに、アジア悪そのものになって腐敗してしまってる。そしてそのまま太平洋戦争までいってしまう。

満州をそうして占領するでしょう、その意識はそのまま日本を占領してるんだね。どうも昭和十六年以降の陸軍の参謀懸章吊ってたやつはおっかなびっくりの海軍をしたがえて、日本を占領してるつもりじゃないかな。あれは鎌倉幕府でもなければ、徳川幕府でもない。それらの幕府は支配しながらも、いろんなものを吸収して政権を安定させてゆくでしょう。日本を占領したのはあれだけだね。そんなことどこから学んできたかといったら、満州事変からだね。外国を腐らせるとき同時に自分も腐るということがわからない。

こうした腐敗の継承者が、戦後の保守政権の流れにあると思うね。つまりそのはね返りというものは、旧アジアの、つまり民族主義が透明になる以前の、最も悪の部分と接触した感じってものは、日本の政権の体質の中にどれだけ食い込んでるか。いくら悪い日本でも、戦争に負けるまで、文官で高官そのものが利権を得て、何らかの政治資金にしようという、旧アジア的な発想というのはすくなかったですよ。広田弘毅でも、近衛文麿でも、さかのぼって高橋是清でも、田中義一のような変なやつに至るまで、そんな要素はすくなかったと思う。それが戦後あふれるように出てきたでしょう。それはわれわれが知らん間に、われわれの国がやった、参謀本部的なもの、後にそれにくっついてきたもの、それらがアジア悪そのものの連中と接触していったこと、そしてそれと同化したこと、それが体質化して戦後に続いているということが言えないかな。

アメリカがヴェトナム戦争やってチュー政権をつくったり、その前の政権をつくったりしたことは、日本が満州を独立させたり、華北に手を伸ばしたりしたことのやり方とそっくりなんですよね。そういうことをやると、ペンタゴンにはね返ったり、国務省にはね返って同質化するみたいに思うなあ。あれは自分をも腐らせるんだ。ニクソンが失脚する前後の新聞読んでて、ああ向こうにもやっぱり報いがきたんだと思った。

陳　しかしね、そういう立派な機関が情報集めていったらわかりそうなものだけどね。呉佩孚とか唐紹儀がどういう人間か。庶民の中に入って行けばすぐわかることが、報告されてないのかな。あるいは報告されても……。

司馬　握りつぶす体質がある。握りつぶして、それが電線でつながっていかない体質は、ああいう権力機構の中にある。偉い人は、何らかの権力を持ってるでしょう。「そんなはずはない」とか言って、先入主で情報を握りつぶすようにちゃんとできてるね。

陳　呉佩孚なんか北京の大邸宅に住んで、何百人もの人を抱えてるわけですよ。向こうにもそれなりの謀略人員がおるわけですよ（笑）。金になるからって、走りまわる。そんなのは匂いでわかって、食いついてくるんでしょうね。

いやな情報は捨てる体質

司馬　まあ、かつての日本人が清潔だったということは言えないんだけど、一応かつての日本人というものとくらべると、違う日本人みたいになっていく感じがあります。かつての日本人というのは、何か汚職が嫌いで、気が小さくて、書類のほうが大事みたいなところがあるでしょう。そういうタイプの日本の行政家や政治家とくらべると、英雄的に自己肥大している参謀本部のスタッフは、いろんな人間を大きな機密費を持って使うときに、魔性みたいな政治家になっていくわけけね。それらの体質というものは、政治そのものの中に、重金属が骨髄の中に沈澱していくようになっていく。この考え方が僕に定着したのは、ニクソンの事件のときにはっきりと定着してしまったんだけどね。だからよその国というものは、いくら巨大なアメリカでもさわっちゃいけないんですね。手前にはね返るほうが、むしろ大きいわけやな。

要するに、日本人はスパイや謀略者に向かない。もっと基本的なことをいえば、現実は何だという認識能力が、こんなに単一民族の国では育たないですよね。バルカン半島に日本があれば、もっと僕らはリアリズムをつけた知能を持つことができるけれども、情報々々と言ってるけど、ほとんどが曲がったものでしょう。どこからか呉佩孚を引っ張り出すような情報でしょう。やっぱり日本人ていうのは、情報に不馴れだということはありますよね。

その不馴れな日本人が、情報と謀略にとり憑《つ》かれて、結局、参謀本部は情報のかたまりみたいなセンターだから、あんなことをやってしまったんですけれども、アメリカの自動車の数も、アメリカの生産力も、怒り出したら何するかわからない、パンチのきくアメリカ人のファイトもわからなくて、太平洋戦争をやるわけでしょう。

陳　そのために、大使館付武官なんか置いてるんでしょう。

司馬　モスクワなんかにもちゃんと置いてたわけだのになぜノモンハンでの向こうの装備がわからなかったか。予見できなかったか。ノモンハンやって、やっとわかったわけだからね。「ソ連は日露戦争のロシアに非ず」ということが、参謀本部にわかったのは、ノモンハンの後だからね。

モスクワの日本大使館に大使館付武官がいて東京へ報告してくるわけでしょう。たとえばメーデーの日にこういう兵器が出てきたとかね。それで本省に帰って、ソ連ていうのは油断しちゃダメだと言うと、「恐ソ病」というレッテルを貼られたそうやな。一時、労働組合が盛んだったとき、「反動」というレッテル貼られたら、執行委員かなんかで一所懸命やってたやつが何となく意気銷沈《しょうちん》して発言できなくなるムードがあるでしょう。

それと同じで、これは単一民族独特のムードですね。情報、認識をそこで断ち切る。それでそいつは出世できなくなる。大将までいくところが、少将どまりになるわけ。だから言わなくなる。それが結局、二年後の太平洋戦争につながる。

ノモンハンをやった辻政信が、ガダルカナルへ派遣されたことがある。杉森久英さんの「辻政信」によれば、ガダルカナルの米軍の物量と機械力の膨大さにびっくり仰天して、近所の島の司令部に寄ったときに、恐怖心の宿った顔で、「ノモンハンの比じゃない」と言ったという。そのくせノモンハンの前も、あとでさえも、あんなものたいしたことないとか言ってた。正確なことは参謀本部にも伝えてない。ところがガダルカナルになったら、さすがのこの観念主義者も、東京に帰ったときに、撤退すべきだと言う。

そんだけひどい目にあって、やっとわかるようなところがあるでしょう。情報というのは、見なくてわかる能力だから、情報を受けるのには、たいへんな研《と》ぎすました認識能力が必要になる。情報なんていくらでもくるから、結局、受け手の問題ですよね。日本人は受け手の能力に欠けた民族なんやろな。いやな情報は捨てる（笑）。大金を使って、国運を賭けて、呉佩孚のような骨董の値段もつかないような古物を買ったというのも、そういうことじゃないでしょうか。民族の癖というのは直らないから、いまも似たようなことを繰りかえしているはずです。

第四章　シルクロード、その歴史と魅力

（一九七七年十月十七日　於大阪）

司馬　ぼくは初めてだったけど、西域は、陳さんは今度で二度目。……

陳　そう、新疆《しんきょう》は二度ですけどね、甘粛省の敦煌《とんこう》をあわせたら西北は三度目ですわ。

司馬　文章その他から察するに、陳さんの西域好きは相当なものやなあ。学生時代にインド語やイラン語を専攻したのもそのせいとちがう？　ウイグル語科があったら、ウイグル語やったにちがいない。

陳　そうかもしれないね。でも、ウイグル語科っていまでもないね。トルコ語もない。どうしてだろう。

司馬　大阪大学に山田さんというウイグル語の権威がいらっしゃるけど、ただし中世のウイグル文書の研究家……。

陳　そう、昔のウイグル語。もっともウイグル族といい、ウイグル語といっても、あれはほかに適当な名前がないから便宜的にいってる感じでしょう。ソ連の方ではサルト人というし、中国では昔は纏回《てんかい》といってた。

司馬　布を頭に纏《まと》っている。

陳　ターバンを巻いてるから纏頭回でね。ヘディンやスタインはトルコ人って書いてる。過去そのあたりにウイグル帝国があったから、その名前をとったんでしょう。ウイグル帝国と現在のウイグル族の人たちとの継続関係は、ちょっと怪しいところがあるな。

砂漠に消える川

司馬　ウイグル人というのは地《じ》はモンゴロイドだろうけど、古い時代の混血で胡人《イラン》めいた顔になっていて、いわば古色を帯びている。あの蒼古たる顔つきが、われわれを錯覚させるらしい。唐代のウイグル遊牧王国は、いまの新疆ではなく、中国の北方部に王庭を持っていて、一時は蒙古高原を制したこともある。唐朝とは仲よしで、軍人としてやとわれたりしているけれども、その後、長い歴史と流沙のなかでどういうつながりがあるのか、アジア史の謎やな。その後、日本史でいえば鎌倉のころにモンゴル帝国に併呑されて独立を失ってただの住民になるわけだけど、それがいまの新疆ウイグル自治区に全人口の七、八割を占めるウイグル人なのかなあ。あの辺の諸民族はかがやける古代アジア史のカケラが散乱しているみたいで、わかりにくいな。そんなに古い時代じゃないから、なおさら話はややこしくなる。

まあ、それは別にして、ぼくもやっぱり辺境は好きですね。だけど中国内部のシルクロードに、もっと厳密にいえば、昔から中国人が「西域」といってた土地へまさか本当に行けるとは思わなかったなあ。日本の「西域学」を体系的に始めた一人は松田寿男氏だと思うけど、こういう元祖の人でも「学問的にやったが、現地へは秘境だから行けない。数学でいえば検算がやれないのとおなじだ」と残念そうに書いておられるけれども、ウルムチ空港に降りたとき、本当に僕のような者がこんな果報を受けていいのかと気味がわるかった。

陳　西域への出口というか入口は、一応、玉門関といわれてますけど、玉門関は時代によって場所が変わるんです。漢時代は敦煌の西北にあった。唐の玉門は敦煌のだいぶ東北です。西北でとれる玉《ぎょく》は皇室の専売になっていますから、それの密輸を調べなきゃならない。玉が入りすぎると値段が下がりますからね。つまりこの関所で、不正輸入がないようにボディ・チェックした。それで玉門関といったんですね。固有名詞というより普通名詞みたいな感じで、玉の通る門ということなんですわ。玉門市、玉門鎮、玉門関と、玉門とついた地名がほうぼうにあって、それが数百キロもはなれているね。

司馬　玉門関から西南に道がついていて（西域南道）、やがて崑崙《こんろん》山脈の北麓を通るわけだけど、そこに古代の于闐《うてん》国の所在地のホータン（和田）というオアシス都市がある。こんな所、およそ外国人は来ないんじゃないか、ヘディンやスタイン以来われわれが初めてじゃないかっていったら、去年陳舜臣さんが来ました……（笑）。そこに崑崙の雪どけ水の川がふたすじ流れていて、中国名で白玉河と黒玉河、この川から玉が出るから、玉好きの中国へそれを送る。中国内地への関門が玉門関というわけでしょう。ホータンにはその玉を守るために役人が駐在していたわけだ。ぼくは白玉河には、夜、藤堂明保さんと一緒に連れて行ってもらったんだけど、夜目にも石が白く見える。出発の前、にわかに「唐書」の西域伝の于闐のくだりを見て「月光盛んなる処を視て玉を得」という大変詩的な文章を読んだけれど、あいにくその晩は月が出ていなかったが、それでも石が白く光って見えました。で、一つ拾っていいか、と現地の人にきくと、かまわんという。部屋に帰ってポケットから出すとただの石ころでした（笑）。

陳　カシュガルからホータンへいく途中にあるヤルカンド川も玉がいくらかとれるんですけど、この川の本流というのはりっぱな鉄橋がかかってたりして、滔々《とうとう》と水が流れている川なんです。ところがこの川がタクラマカン砂漠でなくなる。消えてしまう。なんかチョロチョロ流れる川を考えていたら、淀川みたいなでっかい川がざあざあ流れてるんだ。それがなくなるというのは、ちょっと想像を絶するなあ。

ところで、漢の玉門関のすぐそばに陽関がある。

司馬　そこから西が「故人無からん」で、流沙と非漢民族と異質文化のあるたいへんなところということですね。

陳　それにウイグル自治区といっても、南と北とでは相当ちがいますね。清朝時代は北は準部、ジュンガルといって、モンゴルの一族であるオイラートがいたし、南には回教徒が住んでいた。清朝が討伐に行ったとき、準部に対しては相手が強いものだから皆殺しにちかいことをやっている。ところが回部に対しては非常にゆるやかな政策をとっています。二つの部族の性格の違いをみたんでしょう。宗教的にいっても北はラマ教、南はイスラム教ですしね。当時、南で反乱を起こすと、その町の人間を一万人なら一万人ごっそり北へ連れていった。回部の人間が伊犂《イリ》あたりに島流しになることで、南北の交流が起こったんですね。ふつうの状態だと、あまり交流が起こりえないところです。

司馬　同じウイグル人でも、まあ真中あたりにいるトルファンの人はアーリア人との混血度が低いね。やや東洋的な顔。それがホータンまで行くと、西洋的な顔立ちになってくる。

陳　混血の段階がいろいろありますね。それにトルファンとかハミは、早い時期から清朝にくっついて商売していましたから、中国内地との関係が深かったんです。距離的にも近いし。ですから清朝が西域を平定したとき、そのあたりの人間を新しく版図にはいった西南部へ連れて行って官吏にした。ところが同じウイグル人でありながら、東から来たハミやトルファンの人は、カシュガルで非常に嫌われた。清朝の代理人として苛《か》斂誅求《れんちゅうきゅう》をやりましたからね。同じ民族といっても、地域によっていくらか気質も違うし、しっくりしなかったらしい。

忘れられた軍隊

司馬　ウイグル自治区には、一応大づかみにいうと、漢族をいれて十三種類の民族がいるわけだけど、そういう所の状況は、ぼくら単一民族の社会に住んでいると、ちょっと想像できないね。半分以上は一見して西洋人の顔をしてる。西洋人といってもスペイン人程度の西洋人の顔やけど、それが「中国人」だといってもぴんとこない。中華人民共和国というのは多民族国家だと思わざるをえなかった。なのに服装は昔ながらの固有の風俗を守っていて、あまり人民服は着てない。どちらかというと、フラメンコでも踊ったらよさそうな格好の女の子が街を歩いてる。

少数民族をみるととくに驚嘆するんだけど、固有の文化を守るというのは、もしかしたら、皮膚を守るくらい強いものなのかな。たとえば清朝時代、ウイグル人が貢物に使った矢絣《やがすり》みたいな模様の織物が、ウルムチの博物館にあるでしょう。それと同じ模様のものをいまでも着ているんやからねえ。何千年の歴史だから、中に溶け込んでしまった民族もずいぶんいるわけだけども、まだ少数民族として残ってるのは、よっぽど頑固な性質の遺伝を受けてるのかと思うほどですね。ともかく人間というのは頑固なものやな。

陳　トルファンから発掘された唐時代の副葬品の人形に舞っているようなポーズをしてる宮女があるでしょう。今度日本に来た百点のうちにはいっている。そのスカートの赤と黄の縞《しま》模様もいまのと同じやね。唐代やから千数百年もたってるけど、いまでもおなじのを見かける。

司馬　そう、おなじ模様の民族衣装的なワンピースをきれいな娘さんが着ている。われわれ流行に弱い民族としてはどうもね。

陳　そういう性格が違う民族をつくるのと違う？

司馬　民族の成立というのはそういうことかも知れんなあ。

陳　西域には、ウイグルとか回族とはまた別の民族がいますね。これなんか漢民族的な考え方からいえば、広東人と上海人くらいの違いなんだけど、着るものが違う。着るものが違うと違う民族になるんじゃないかな。

司馬　十九世紀のロシア人が東干《トンガン》といったのも、そういう部族の一つだね。

陳　それを中国ではむかし漢回といいましたね。漢回というと漢族の回教徒ともとれるけど、そうではなくて、漢民族の文化を受け入れた回教徒のトルコ系の人ということでしょう。

司馬　中国語をしゃべるけど、顔が違う感じやね。

陳　名前も馬、白、穆《ぼく》というような中国姓になってます。ほかの回教徒ウイグル人はアブダラとかアリという名前のままですね。

司馬　東干は西域十三民族の中で、十九世紀、二十世紀のはじめごろはもっとも知能的で、好戦的で、その点では異例の存在ですね。近世に入って反乱というと、必ずといっていいほど東干の名前がでてくる。民族というのは一つ地帯でもさまざまやな。

話は変わるけど、今度の旅行中、伊犂の町で招宴があった。席上、賑やかなウイグル人がいましてね。その人物にここにいる日本人のお客さんたち、ウイグル自治区なら何族にあたるか御遠慮なくいってほしいといったんです。そうしたらその男は、ぼくたちぜんぶがウイグル自治区の少数民族だっていいだしたわけ(笑)。ぼくらは自分たちのことを漢族に似てるって思っているわけでしょう。なのに漢族といわれたのは東山魁夷《かいい》さんだけ、しかもその東山さんも本来の漢族じゃなくて、マホメットの方の漢族だというんだな。あとはウイグルとかタジックとかカザーフとかいわれてた。それならおれは何だってきいたら、気の毒そうに「あんたはダゴールだ」。ダゴールって何ですときくと、いよいよ気の毒そうに昔東北(いわゆる満州)の山間僻地に散らばっていた極小の少数民族のことで、いわば韃靼《だったん》のうちのもっとも未開の連中かなあ、という(笑)。

清朝時代、西域の反乱を鎮めるために、北京から何回か軍隊を派遣してる。乾隆帝《けんりゅうてい》のころにも同じことがあったんだけど、軍隊としては漢族は連れてゆかず、満州朝廷の主力民族であるトゥングース民族であるところの満州人を連れて行った。ところが荷物運びや雑役に使う人間も連れて行かなければならない。それを調達しようにも、北京では調達できない。北京にいる満州人は貴族ですからね。そこでいまの東北地方の山間に散らばっているトゥングースのうちの未開の連中を百人とか千人とかつかまえて連れて行った。その中に黒竜江近くにいたのがおって、それがどうもダゴールらしいんだ。

陳　それでも十三民族に入っているね。「達斡爾《タホール》」と書くんだ。

司馬　それでいまはどうしてるのかときいたら、天山山脈の奥に散逸して、どうしてるのかよく知らんという（笑）。ときどき町に出てくるけど、普段は山奥で狩猟をしてるらしいというんだ。で、僕はこれを帰国してからわがルーツ（笑）として調べてみたんですよ。そうしたら乾隆帝は軍隊を二、三万人派遣したものの、そのことをどうも忘れちゃったらしいんだ。とにかく派遣しても、目的地に到着するまで三年もかかるんだから。ようするに玄奘三蔵《げんじょう》と同じ道を行くんだからね。それが到着したころは、乾隆帝はすっかり忘れてしまった。だけど軍隊は駐屯してしまっていて、しだいに軍隊のたがもはずれていって、土民化していったということらしい。

陳　自然除隊した。

司馬　そうですね。で、人夫のダゴールは農耕ができないから、天山山脈あたりにもぐり込んで、カモシカなどをとるようになった（笑）。

陳　乾隆帝のときもそうですけど、いまから百年前の左宗棠のときもそういうことがあった。なにしろ軍隊が一度に行かれない。一度に全部が行っても、そんなに大勢を養う水のあるオアシスがありませんからね。だから三千人くらいずつ、何日か日をおいて、縦にならんでゆく。先頭がハミに到着したころ、後続部隊はまだ蘭州を出ていない。そんな戦争だったんですね。そしてかれらがそっくりそのままその土地に住みつく。あのあたりにはいまでも満州語を話す部族がいますよ。錫伯族《シボぞく》なんかそうでしょう。清朝末になると、軍隊を送り出した当の本人たちが満州語を忘れてしまう。満州語を習えという布告を何度も出したりしますけど、結局、最後の皇帝の溥儀《ふぎ》などはまったく満州語をしゃべれなくなっちゃう。なのに辺境に取り残された方はちゃんと憶えている。

司馬　錫伯はちょっと文明化してる。ダゴールが一番どうしようもない（笑）。

陳　團伊玖磨さんは何といわれてた？　カザーフじゃない？

司馬　うん、カザーフだった。

陳　ああいう顔の大きいのはカザーフ。

司馬　脚がかっこよく長いしね。もっとも團さんは別の少数民族を思い浮べていたので、多少不満だったらしい（笑）。

日本経由で行った北京から西域

陳　白鳥庫吉の説によると、タジックはタタール化したアーリア系、ウズベクはアーリア化したタタールということになるんだけど、この差はぼくらにはよう分らんね。

司馬　それもその民族の伝承だけなんだから、どこまで本当なのかな。

ところで「新疆紀遊」を書いた呉藹宸《ごあいしん》という人がいるでしょう。

陳　福建の人ですね。

司馬　日本の年号でいうと、昭和のヒトケタくらいに大人になった人間でね、自家《うち》は何代も科挙の試験に通ってる名門だった。ところが本人は辛亥革命以後に成人しているので科挙がない。で、就職運動して、新疆省に目をつけた。当時は省が成立して二十年たつかたたないころで、非常に不安定だったんだけれどね。

陳　省は左宗棠の時代にできたんですが、そこには楊増新という独裁者がいた。

司馬　楊増新は十九世紀までの中国の地方長官としてはいいほうでしょう。

陳　わりに清廉な人で、新疆省はこの人のおかげで中国内部の軍閥のチャンバラにまきこまれずにすんだ。

司馬　省主席の楊増新というのが十三という少数民族と新疆省——ロシアでいう東トルキスタン——をほしがっているロシアや、これを牽制するイギリスなどの力をうまく操作して、そのバランス・オブ・パワーの上に立って省を守った。科挙の試験出身の官吏としては球乗りの名人ですね。

陳　楊は進士ではないですけども。雲南の人で、老荘の方なんですよ。朝起きると、自分の執務室で朗々と老子を読む。みんなそれをきいていなければならない。ところが新式官吏はそれに耐えられない。まあうまくおさまってはいるけれど、こんな古めかしい、無為にして化す、人民を太古の堯舜の民にするのが理想だなんていう人じゃ新疆は発達せえへんいうて、クーデター起こした。

司馬　そのクーデターのあとの成り上がり政権に、呉靄宸《ごあいしん》といったような青年が役人としての能力を売るべく新疆へ行く。

陳　そのとき日本を通って行く。

司馬　そう、それを言いたかった。北京からは汽車もなにもないからね。

陳　まず船で神戸に来て、そこから敦賀へ行き、またそこから船でナホトカへ行ってシベリア鉄道に乗りかえる。

司馬　シベリア鉄道はソ連領内の裏側を通っているからね。その裏から伊犂に入り、やっとウルムチにたどりつく。

陳　それを当時の日本の税関にいくら説明しても分らない。新疆へ行くのに、なんで日本なんか通るのかってなっちゃう（笑）。

司馬　東海の島国を経由した方が早いんだから、当時の中国は考えられないような広い国だなあ。いまなら北京からウルムチまでジェット機で三時間ですけど、一九三〇年代は日本まわりでゆく。もっともいま行っても、よくこんな所に人類は住んでるなというくらい乾ききった土地です。どういう基準なのかよく分らないけど、ホータンあたりで、年間水分蒸発量が三千ミリ、降雨量が三十ミリっていうね。計算がまるで合わないんだ（笑）。だから夏などは盛んに西瓜《すいか》を食ってる。でないと自分が蒸発してしまうからね。われわれが自動車でこのあたりを行ったときも、どこかに相当西瓜をつんでいて、途中で西瓜を食べる休憩というのが何度かあった。

西瓜は、たぶんあのあたりが原産地なんでしょうね。日本に入ったのは江戸時代かなあ。このことばは中国語のままですね。

瓜ならもっと以前だ。室町末期に美濃のあたりで甜瓜《まくわうり》を作っているという文献があります。中国史でいうと、秦が滅びて漢ができるころに、あの名士が世の中いやになって、田舎にひっこんでうまい瓜を作っては売っていた、というような話がありますね。うまい瓜というのは中国には昔からあった。もっともそのころは哈密瓜《ハミクァ》みたいなものだったんだろうけど……。

陳　僕が行ったときは哈蜜瓜に半月ばかり早かった。

司馬　それがシャーベットみたいな感じの……。

陳　そう、サラッとしてるんです。

〝牛耳る〟の語源

司馬　葡萄《ぶどう》もあの辺が原産地でしょう。そういえば同行した藤堂明保さんが葡萄栽培に関心をもっておられて、御自宅の庭に植えていたのだけども虫がついてだめになってしまった。で、虫よけはどうしているかとトルファン郊外の葡萄溝という村できいたら、ここには虫なんかいないという。なるほどこんなに暑くて湿気が少なくては、虫も棲めないんだね。だからあまり改良もしない。原種のままといったような葡萄がたわわになってましたね。

伊犂の宿舎では、着くとすぐ蟠桃《ばんとう》というのが出た。孫悟空が西王母の宴会に紛れ込んで食べた——一つ食べたら何千年生きられるという例のやつ。小さくて平べったい形なんだ。これはうまかったな。果物食べてうまいと思った最高のものだと思う。もっとも次の日以後一度もそれは出なかったところをみると、あの土地でも孫悟空的貴重さがあるのかな。

陳　ぼくは李光桃というのがうまかったなあ。桃の木に李《すもも》をつぎ木したのにできた実で、桃よりも形が小さいのでかじりやすく、それにうぶ毛がない。光っているのは中国ではハゲの意味があるんです。で、つるつる。一口で食べられるぐらいの大きさで、李の味もするんですよ。ちょっと新しい果物ですけどもね。

料理のほうは、やはり羊が主体ですね。

司馬　西域から北京へ帰ったとき、中国人から羊の肉はいやだったろうといわれてね。ははあ、中国人にとっても羊の肉はかなわないという気持があるんだなって分った。原型はウイグル料理なんでしょうけど、中国風にアレンジされてるという感じがしました。

ないでしょう。でもちょっと汗臭い匂いがするときがありますからね。だけど緬羊の肉はそんな匂いは

陳　ええ、山羊の肉が臭いんで、緬羊は臭くないってよくききました。シシカバブはどこへ行ってもでてきますね。カルガリクという辺境の地では、骨付きのがでてきたけど、そこのが一番おいしかった。お客さんが来ると箸をだしているけど、カザーフでもウイグルでもふだんはみんな手づかみで食べていますね。

司馬　カザーフの天幕の中では、今日は大ごちそうだといわれたので待っていたら、羊の頭が出て来た（笑）。

陳　「耳を切れ」っていわれたでしょう。

司馬　どうだったかなあ。東山魁夷さんなんかは「私は見ないようにしてます」（笑）。團さんはさすがに食通だけあって、うまいうまいって食べてた。ウイグル人などはこんなうまいものどうして食わないって、リンゴを食べるような手つきでなめるように賞味して、最後は頭蓋骨の標本みたいな骨だけにしてしまう（笑）。

陳　「耳を切れ」というのは、その日のごちそうのために羊を一頭殺したという証拠なんですね。耳がなければ、翌日、その頭を出してもすぐバレちゃう。耳はそのときの主賓に切らせるわけですが、これは漢民族の古い習慣にもあったんです。大きな牛一頭殺すと、その頭をもって来て、一番偉い人にその耳を切らす。それを牛耳《ぎゅうじ》るっていいま

す。そのへんで一番偉いっていうことでしょう。ところが中国では、この習慣はすでになくなり、言葉だけが残っている。でもカザーフには実際に残っている。そういうのがたくさんあると思いますね。

肩で踊る西域の舞

司馬　残るということでの尻取り話でいうと、ウイグル自治区というのは、いってみれば歌と踊りの国でしょう。どんな不器用な人でもリズミカルに踊れるし、歌えばみんな見事な歌になっている。その音楽を隋唐時代に漢民族が吸収して亀茲楽《きじがく》に、つまり国楽になった。これが日本へ来ると雅楽になる。実際にはいまでも四天王寺あたりの雅楽保存会の会員が一所懸命稽古して保存につとめていますが、あれはまったくのんびりしてるでしょう。ウイグル人というのは、たとえば「唐詩選」にでてくる胡旋舞のような賑やかな踊りを女の子が踊る国だから、音楽も舞踊のテンポも早いはずなんですけどね。

陳　日本に来ると、どうしてあんなにゆっくりなるんやろ。

司馬　隋、唐のとき、すでにのんびりなってたんじゃない？　当時の日本は隋、唐をきっちり模倣していたはずだからね。だからどうしてそうなったかと考えると、漢民族も日本人もはなはだ音痴――すくなくともおたがいにリズム音痴――であったという結論になってきます（笑）。ウイグル人がいのちとするリズムが完全に欠落して、どうでもいいメロディだけが残っているから雅《みやび》な感じになるのかなあ。音痴が歌舞音曲を語るのは不遜すぎるけど（笑）。

陳　亀茲《クチャ》は現代の庫車ですがいまでもやっぱり歌舞の地です。最近日本に来た天津歌舞団のアイドラさんという女性もその地の出身とききましたね。亀茲の楽というのは日本だけにあって、中国には残ってないんです。日本はどこへも出て行くところがないから、きれいに残っているんでしょうね。

司馬　島国というのは、与えずに貰うばかりのものらしいな。だから、新疆ウイグル自治区の二千年ちかく昔の音楽のやや変形したものが宮廷や四天王寺などに残ってる。

陳　雅楽に「春鶯囀《しゅんのうでん》」というのがありますが、これが亀茲の音楽ですね。唐には亀茲の人質が来てるでしょう。その音楽の名人の若者に、玄宗だったかもう一代前の皇帝だったかが、鶯の鳴き声で作曲しろ、と勅命で作らせたんですね。ホータンにも于闐の楽というのがありますけど、あれはインドの影響が強い。あの辺はインドの文化がたくさん入ってますからね。

司馬　團さんもそういってたな。もっともインドより西の方のにおいが強いといってましたけど。あの三味線の原型みたいな楽器はインドにたくさんあるそうですね。

それから建築でいうと、ホータンあたりの農家は型が決まっていて、天日の煉瓦造りの平家の家屋に部屋が二つ三つあって、玄関の前には必ず十坪くらいの庭がありますね。

そこは葡萄棚になっていて、真夏でもその木蔭で食事ができる。ぼくはサイゴンのコンチネンタルホテルに泊まったことがありましたけど、そこも同じような感じだった。そういう建築様式は西の方が原型なんでしょうね。

陳　涼み台みたいなのもあって、そこに地毯《ちたん》という絨毯を敷く。あれはそのまま地面に敷いちゃう。イスラム教は偶像否定ですから、模様は幾何学的なものか、せいぜい唐草《からくさ》ですね。

司馬　そういうところで踊ったり、楽器を弾いたりしているのをみると、ほんとうにこれ中国かしらと思う。

陳　カシュガルで楽器の製造工場を見に行ったら、そこの工人さんが忙しくってしょうがないといってた。みんな音楽好きなんだけど、昔は楽器が買えなかった。たとえばラバーブっていう蛇の皮を張った楽器なんか安くはないわけです。で、昔はどうしてたかというと、棒の先に缶詰の蓋を空けたのを括《くく》りつけ、弓も自家製のを作って弾いてたっていうんですよ。そういうふうに音の出るものはみんな手作りで簡単なものを作っていた。それがだんだん生活が向上して人民公社から団体注文も来るようになった。だからとても応じきれないくらいだといってました。

司馬　胡弓《こきゅう》の原型みたいな楽器もありますね。漢民族は隋唐以来、ほとんどの音楽、楽器を西域からとりいれたんじゃない？

陳　胡弓の原型はハイジェイキというものですね。中国の中原地方では、あのころのものには磬《けい》という金属をぶらさげて鳴らすのがありましたね。

司馬　あるいは缶《ふ》といって、素焼の瓶《かめ》の尻をたたいて拍子をとったりする、その程度の楽器が古代中国のものやな。孔子は音楽好きだった。でも淫靡《いんび》な音楽はいけないとか、やかましい人だったけれども、そのころはそれほどの楽器も音楽もなかったような感じだな。漢から隋、唐にかけて西域との交通がさかんになって、殺到するようにいろんな楽器が入ってくる。そのおこぼれを日本の奈良、平安朝がうけるわけだけど。

西域のは、踊り方も奴凧《やっこだこ》が舞いあがるような感じで、いわゆる日本舞踊とは根本的にちがいますね。かれらは重心を肩先へ舞いあげて踊る。

陳　金達寿《キムダルス》さんが踊るみたいなね。

司馬　そう、ぼくは金達寿さんから朝鮮踊りをさんざん習ったんだけど、いまだに腰でしか踊れない。朝鮮人はみんな肩で踊る。ウイグル人もそうですね。

陳　手に表情があるんだといいますね。

司馬　ようするに宙に舞っているような感じなんだね、大地に坐っているんじゃなくて。ああいう踊りは朝鮮独特のものだと思ってたけど、考えてみたら朝鮮半島は東の端で、ウイグルから影響を受けてもおかしくないところにあるんですね。しかも同じ三拍子。でも現地のウイグル人の方が金達寿さんよりひょっとすると上手かもしれん（笑）。

ただ不思議なのは、朝鮮人の踊りのとき、ドラみたいのとそれから槍鼓《チャング》という大きな鼓に似たものを柳の枝で叩いて鳴らすのがあるでしょう。日本では昔、羯鼓《かっこ》と呼んでいたものですが、この槍鼓というのは、これを取り上げたら朝鮮人の生活が半分なくなるんじゃないかというくらい大事な楽器で、これとドラでリズムを出すんです。ところが朝鮮人の踊りでは音楽と踊りとがまったく別で、ジャンジャン楽器を鳴らしながら踊りの方はトンビが舞うように悠々としてる。これは朝鮮の踊りのおもしろさというか特徴的なことなんですけれども、それがウイグルへ行くと音楽と踊りが合ってる。不思議やね。伝播《でんぱ》してくる途中のどこかに音痴族が介在している（笑）。

陳　日本人がかれらとやっても、どうしても阿波踊りになっちゃう。別に規則はなくて、みんな自分のスタイルで踊っていいんだけどね。司馬さん、踊らんかったの？

司馬　そんな……阿波踊りもようでけんのに（笑）。

陳　とくに女性が前にきてちょっと腰をかがめると、出ていって踊らないと失礼にあたるんだ（笑）。

司馬　とにかく日本人だと、ずんずん重心が大地に行ってしまう。踊りとか武術をふくめて、日本人の体技はすべて腰を沈めるでしょう。百姓が重心を舞いあがらせるという点だけでいうと、朝鮮人はウイグル人の方に近い。

陳　ウイグルの踊りは爪先を立てるのが多いね。爪立ちしてクルクルまわるのが胡旋舞ですからね。

司馬　われわれと違って日常馬に乗って暮らしている連中から生まれた踊りということなのかな。

建築費はただ

陳　ウイグル自治区は原爆実験をやるための、そういう軍事的な重要さというか緊張はあるかときかれるんですけれども、ぼくが行ったのは南の方ですけど、そういう感じはまったくなかったですね。もっともホータン、カシュガルあたりの道は、国境がパキスタンやインドだから、あまり緊張してないこともあるでしょうけどね。道も砂利を敷いてローラーをかけたていどのもので充分ですね。司馬さん、北の方はどうやった？

司馬　原水爆のことはわからなかったなあ。対ソ緊張でいうと、現地できいた話は相当やかましいものらしいが、実感はしなかった。伊犂大橋というのを見たんですが、これはそこから何十キロ先がソ連という軍事上大事な橋なんですね。ところが目立った国境の緊張というのはなかったです。機関銃か高射砲でも置いてあるかと思ったら、そんなものはなくて、近くでのんびり百姓が畑耕してる。これでいいのかしらと思ったくらいのんびりしてますね。とにかく広い。タクラマカン砂漠にしても日本列島がゴソッと入ってしまうくらいでしょう。だから緊張を肌で味わうというのは不可能です。

陳　新疆ウイグル地区全体が日本の四倍以上ですからね。

司馬　天山山脈を何度も飛行機で越えましたが、あれは長さも九州から北海道の端までの日本列島と同じくらいですね。最初はああこれが天山山脈かと感激するんだけど、いつまでも眼下に赤サビ色の山脈がつづくから最後にはあきてしまう（笑）。大変な鉱物資源があるらしいが、天山というのはじかには遊牧にも農耕にも適さない土地みたいですね。樹木はないし岩ばかりでね。

陳　あれは雪をためて、それが溶けて流れて間接的に農業に貢献しているということでしょう。一ばん古いシルクロードの南道は崑崙山脈の雪の恩恵をうけているね。

司馬　玄奘三蔵が中国への帰途通ったという南道は、とにかく暑いところね。オアシスのどこかから、あるいはカレーズという井戸の一種から水を汲んできて、地面にぶちまけて鋤《すき》で筋を入れ、掘り起こすだけで煉瓦ができてしまうんですから。それを積んで内側に漆喰《しっくい》を塗ればもう家ができあがる。雨はめったに降らないから天井などはぞんざいな造りですね。農家はどこも二十坪から三十坪ほどの、固有の伝統文化そのままの家屋です。建築費なんかただとちがうかなあ。

陳　家にはあまり執着しないしね。あのひろい土地に地主なんかいないので、勝手にほうぼうへ移るので基礎だけがあちこちにのこっている。これはかなり古い遺跡かと思って訊いてみると、三年前に引っ越したあとだったりする。

スタインだったか、ヘディンだったかの本にあるんですが、十年ぶりくらいである村を訪ねた。なつかしいなと思ってよく見ると何か違う。家が違うんですね。前のをつぶして建てかえている。家を建てるというのが非常に簡単なことなんです。

人見知りをしないウイグル人

司馬　世界史で考えても、西域というのはおもしろいところね。中国に統一帝国ができると、兵力に自信があるから西域に手を伸ばして管理しようとする。ところが統一帝国が衰えると、それどころじゃないので手を引く。すると独立国家ができ、独自の文化ができあがる。その繰り返しでしたね。清朝のころになると、西域というのは生産性もないんだけど、北と西からはロシア人が来る、イギリスもチベットまで来てるというので、とくに火薬庫をあつかうような緊張をもって西域を自分の領土として管理したわけでしょう。だから清朝末期に初めて省を置いた。

陳　国家経営の観点からいえば、魅力ある土地ではなかったでしょうね、経済的にも何も。清末のころにはだらしのない政客が、面倒になったのか、西域放棄論がでたこともあるんですよ。

司馬　西域放棄論もでると思うわ。左宗棠以前は放棄してもかまわないという態度でしたね。

ただ今回の旅行でおもしろかったのは、僕は中学生以来、初めてカメラをもっていったんですよ。ところがＡＳＡ１００だの４００だのと合わせるのが僕には無理で、えい捨てた、と思いました。寺田屋の坂本竜馬の心境を思い出したな。竜馬は寺田屋で幕吏に襲われたとき、自慢のピストルをとりだしたんだけど、不器用でうまくいかない。最後にはバラバラに分解しちゃって、そばにいた仲間に「ピストルは捨てたぞ」（笑）、そうしたら井上靖さんがあわれんで、ピッカリコニカを出して「これ、あげます」（笑）、それをかまえていると、子供たちがダーッと寄ってきて並ぶんですよ。モンゴル人もヴェトナム人も写真とろうとすると逃げる。写真に対して一種の圧迫感とか攻撃性を感ずるんでしょうね。

それにたいていの国の子供は恥ずかしがる。なのに西域の子供は全然恥ずかしがらないんだなあ。古代以来文明の通過路だから、外国人というのに慣れているのか、全部カメラの前に並んでしまう。あれには、偉大なる西域よ、という感じがしたな。

陳　僕もカシュガルの紡績工場の託児所でショック受けた。十人くらいのまだ歩行器につかまってる赤ん坊がいたんだけど、ぼくらが入っていったらみんななんとなく緊張してる。なのに一人だけうれしがって手叩いたり、足をバタバタさせるんだ。それだけがウイグル人の子で、あとは漢族の子だった。これはもう生まれたときからちがうんじゃないかと思った。

司馬　手叩いてもちゃんと拍子がとれてるでしょう。

陳　足も拍子とってる（笑）。

司馬　リズムが身体の中にある民族というのはちがうんですね。リズムが人間を解放するというのか。それで人間の交渉が瞬間で成立する。われわれにしてもモンゴル人にしても民族文化としてのリズムがないでしょう、メロディが主ですね。

それとある説では、世界を征服したことのない民族は恥ずかしがるというのがある。でも中国もモンゴルも恥ずかしがるからこの説は当たらないんだ。ウイグル人は征服したことがないけど恥ずかしがらない。

陳　ほんとにウイグルの人は人見知りしないね。

司馬　伊犂で女の子のスカーフばかり作ってるちっちゃな工場へ行って、風習の強さというのを思いましたね。中国がウイグル自治区を新国家化したとき、不要不急というか、生活と直接関係のない、たとえばスカーフのようなものは生産をあとまわしにした。そうしたらソ連領の方の同じ民族からスカーフを送ってくるんだって。

陳　ウイグル人はイスラム教徒だから、頭を露出しちゃいけないんだ。じっさいには砂漠のなかだから砂埃がひどくて、頭を包んでないと髪のなかがザラザラになってたまらない、という実用面もあるようだけど。

司馬　するとウイグル人の間に、ソ連領の方ではスカーフを巻けるのに、こっちはなぜ巻けないのかという疑問と不満が起こる。それでスカーフを作るようになり、いまでは生産過剰なくらいだそうだ。北京も気をつかってるな、という感じだった。

国家というものの重み

陳　さすがの清朝も、西域だけは辮髪《べんぱつ》を強制しなかったものね。ただ漢族化した回族だけは辮髪した。それでウイグル人は回族を軽蔑してた、豚のしっぽはやしてるってね。

司馬　風習以外にも、一日二十四時間をどう働き遊ぶかというのは、やはり民族によってちがうね。中国人はよう働きますね、昔から。農耕の民だから、さぼっていると草がはえたり、虫がついたりしてしまう。ところが西域にはそういう習慣がないね。ある織物工場へ行ってずっと見ていたら、高級な仕事ほど漢族の女の子がやってる。働くことについての身動きや工夫は、そういうことに慣れた文化からでてきた人間にしてはじめてスイスイ行くのかなあ。リズムでゆく方はどうも根をつめて働くという文化性に慣れていない感じだった。これはどういうことなんだろう。民族相互の優劣とかいう問題に現地ではなっているのかどうか、などときいてみたが、はっきりした答えは返って来なかったんですけど、見ていて楽しかった。民族というのは働くということでもそれぞれ違う文化があるんですね。

陳　四人組のときは生産競争が禁止されていたけれど、いまはまた競争が始まった。

目標に達したら赤い花つけたりするんだけど、そこに大きな字で「友誼《ヨーイ》第一、比賽《ピーサイ》（競争）第二」って書いていた。競争になるとやはり民族の差でるんです。ただ内地にはあのスローガンはないね。ということは逆にいえばその結果があきらかに出てるんじゃないかと思う。

司馬　ははあ、そうか。ただ遊び方ではたいへんな文化をもっているね。たとえば水田農民が下地《したじ》になっている朝鮮人などは大変な働き者で、ソ連領内の朝鮮族などでタシケントだったかなあ、水田が不可能な土地へ移住させられても水田農業を成功させてしまう。そのくらい働くのに、遊ぶことにかけてはまことに芸がない。それにくらべると、ウイグル人というのは遊びがじつにうまい。われわれは遊ぶ文化をもっていないなとつくづく思うね。

陳　カシュガルにいたとき、日曜日に公園へ行ったら、みんな楽器をもってる。それともう一つ感じたのはアベックがおらへんことやね。

司馬　イスラム教の影響かな。でもカザーフにはアベックの馬の競技があったな。とにかく美人は多いですね。

陳　玄奘の「大唐西域記」によると、カシュガル人は頭が平べったいとある。赤ん坊の時に板かなんかで頭をおさえつけてね。

司馬　絶壁頭にすると書いてある。

陳　白鳥さんはカシュガルはチベットとアーリアとトルコの混合だというけどね。

司馬　トルコ的要素がいちばん強いかな。

陳　うん、ことばもトルコだしね。

司馬　ある織物工場へ行ったらね、眉がつながって一本になってる子がいてね。へえ、すごい眉だなって思ってよくみると、どうもお化粧らしい。考えてみると西域あたりの仏様にときどき一本眉があるな。あれはお化粧なんですね。

陳　連眉っていうんだ。

司馬　ちょっとびっくりしたな（司馬註・むかし陽都に一人の女あり、うまれながらに連眉、ひとびとはこれを異とし、天人であるといった、と「列仙伝」にあるから、西域の仏様や天人の相のひとつなのだろうか）。

陳　あるウイグル人の家へ行ってシシカバブを車座になってごちそうになったことがあった。そうしたらうちのワイフが、焼いているところを見たいといって、隣りに坐ってた女性と庭へ出ていった。焼き鳥屋みたいな長いブリキの箱に灰を入れて木炭で焼いてたらしいんですけど、見終わって帰ってきて、ワイフは僕の前を通って横に坐った。ところが一緒に行った女の人は遠まわりしてうしろをまわって坐りよる。どうしてときいたら、女は男の前通っちゃあかんいうのね。そういう風習がまだ残ってる。あなたたちはお客さんだからいいけどわれわれはこうするんだ、といって。かつて宗教警察があって、棒持って歩いていて、町中に女がいたら家へ入れ、ってやってた時代があったんですね。今でも顔をおおって目だけ出している女もやっぱりいる。

司馬　漢民族もかれらに対してはたいへんな気のつかい方だね。少数民族っていうけど、むこうでは漢民族の方が少数民族なんだ。ただウイグル人というのは、それこそ本当に古い時代に、いっとき線香花火みたいに帝国をなしたことがあるけど、ウイグル人さえそれを記憶しているかどうか分らないころのことでしょう。国家程度のものはつくったけど、広域国家を行政化するような能力は伝統としてもってないんでしょうね。だからあの地域は、漢族なら漢族が役人として行ってめんどうをみなければしようがないようなところがあるな。領土国家というのはわれわれ人類の最初からあったわけではないし、とくに広域国家というのは新しいものでしょう。中国などはわりあい早い時代に広域国家を形成しているけど、ふつうはそんなに早くからあったわけじゃない。社会とか住民とかが最初にあったわけね。そこへ国家がやって来て、そこの住民のしきたりとか利害関係とか文化とかを調整して、はじめて広域性のある行政ができる。そのかわり国家を受け入れることで、匪賊も入って来ず他民族が弓矢をもって押し寄せることもなくなった。ほんのこの間までそういうぐあいだったんだけど、いまは生命の安全というのは完全に保障されている。西域へ行ってその実際例を見た感じがしたな。ただ逆の場合をいえば、四人組の時期、ホータンの織物工場はその命令で三年間休んでいたという。

そういうふうにも国家は入りこんできている。国家というのはつくづくおもしろい、けったいなものだと思いますね。ありがたいものでもあるし重いものでもある。

村より小さい国

陳 今度の旅行から帰って来て、旅行記を書くんで調べていたら、通ったところの一つに昔ここは西夜国と「漢書」にでていた。戸数が三百五十。そこには五十二の国名がでてくるんですけど、これはしめた、これが西域最小の国にまちがいない、そう書いてやろうと思った。だけど一応念のためと思って調べたら、まだちっちゃいのがある。戸数四十一戸の国もある。烏貪訾離国というものものしい名前をもっとる。

司馬 そういう規模でも国っていうの?

陳 そんなン、村の方で怒るわ(笑)。西夜国でも最小から六番目くらい、まだ小さいのがあるんですね。もしここをとればめんどうみなければならないから、そのままそっとしておいた。「漢書」ではどこそこに属したとかいわれるけど、独自の風俗を守ってそれぞれ生きとったんやね。

司馬 要するに住民として生きてきた。それに住民が民族ごとにそれぞれ服装もちがうし。いまも同じ人民服着ていても、しぐさとかがちょっとちがうみたいだしね。

陳 さっきも言ったように、トルコ化したアーリアンとかアーリア化したトルコとかいわれても、僕らにはよう分らん。同じやないかというんですけど、かれら自身にはそのちがいが分るんですね。

司馬　西域という大空間は、たとえば漢の武帝のころ、張騫《ちょうけん》と一緒にきた漢族で、そのまま住みついているのがいないかしらと思ってしまうような、そんな空想にリアリティがでてくるところやな。さっきのダゴールみたいのが残って住みついてしまうように、清朝のころ向こうに遠征した軍隊についていった漢族の商人がいたね。

陳　ほとんどが天津人《てんしんじん》。

司馬　そうそう。その子孫はいまも天津語をしゃべり、自分のことを天津人だといってる。

陳　ちょっと荒っぽいのは、左宗棠の連れていった湖南人の除隊兵ですね。かれらはまだかなり訛《なまり》の強い湖南語を話している。それから楊増新が連れてきた雲南人もいるしね。もっとも西域は辺境で、おたがいの居住地がだいぶはなれている。だから十三民族が残ると思うんですよ。中国内地は坩堝《るつぼ》ですから分けようがない。

司馬　名前だってさっきでた白さんとか馬さんとか、サマルカンドかヤルカンドから出た康さんとかは西域から来た姓だしね。本人は西域ということ思ってるのかしら。

陳　康でも本貫《ほんがん》のあるのとそうでないのと両方あるんです。それから米というのもある。カシュガルは裴。ホータンは複姓で尉遅《ウッチ》ですね。これはインド語で visa でかれらは毘沙門天《びしゃもんてん》の子孫だといってる。唐の時代にあそこに役所を置いたとき毘沙都督府とつけている。

忽然として消えた仏教

司馬　中国の辺境というのはおもしろいね。東北のトゥングースの方の満州民族は、よくいわれている俗説が本当なら、自分たちを文殊菩薩《もんじゆぼさつ》の文殊——マンジュ——から満州という種族名がでているという。つまりそういうふうにして、言葉とか生活からくる風習とか文殊、回教といったような信仰も、グループを締めくくる共通項になったんでしょうね。

陳　ただ不思議なのは、西域は昔は仏教国でしょう。ホータンなどはとくにそうで、玄奘さんが行ったころは、僧侶二万人というから、国の半分ちかくが坊さんだった。それが非常に短い間に簡単にイスラム教徒になってしまう。それがわからない。ただあのへんはイスラム教徒といっても、あまり信心深くなかったみたいですね。カシュガルにマホメットの子孫とかいうのが入って来ると、カシュガルの王様はその男に国を全部あげちゃう。それをホージャ(和卓)というんですけどね。するとその男は神権政治をして、宗教巡査をつくったりする。町にでてる女を家に追い込んだり、礼拝の時間に祈らせたりするわけですね。逆に考えると、それをやったのはあまりみんな拝んでいなかったからなんでしょうけど。

そのあとホージャが分裂して、乾隆帝の時代に遠征軍が来てこの宗教政治を止めると、みんなほっとして喜んでいる。太平を謳歌してるんですが、いまから百年前に隣りのコーカンド国――これは昔のチャガタイ汗国の流れなんですが、これがロシアに蚕食《さんしょく》されて、新しい天地を求めてヤクブベクという男がやってくると、だいたいこの土地のやつは信心が足りんといってね、またホージャ時代のやり方を復活しようとする。そうするとカシュガルの人は前はよかった、と残念がっている。そういう歴史をみていると、やっぱり信心深いとはいえないなあ。

司馬　結局、イスラム教も、その型だけをまねたんじゃないだろうか。もしそれが広域文化だとしたら、それに参加すれば物々交換も円滑にいったりしたことがあったんじゃないかな。一神教というのは基本的に根づいていないものね。

陳　どうして仏教王国が百年くらいの間に突如として全部イスラム教になっちゃうのかな。イスラム教というのは厳格な一神教で排他的ですから、仏教の痕跡は残らなかったですね。

司馬　例を別にとっていうと、東南アジアあたりはごく最近まで部落ごとに秩序があったわけですね。広域性はあまりなかった。それが二、三世紀前、イスラム化することによって広域性を獲得する。広域性というのは、宗教というよりも、同じイスラムということで商売ができたり、旅の安全が保たれたりすることでしょう。

陳　つまりギャランティしてくれるわけね。だけど、そんなことというと怒られるのとちがう（笑）。

司馬　信心深い人は別にして、回教は辺境へ行けば行くほどそういうふうになるんじゃないかな。西域の回教っていうのは、まあおつきあいというところもあったんじゃないか。

陳　西域を通るキャラバンのオーナーがアラビア人の金持だから、その連中のやることをまねてたら有利だろうという考えもあっただろうね。

司馬　ホータンで、七十歳くらいの爺さんに、子供のときどんな暦を使ってたかときいたら、中国の暦だったという。僕はイスラムの暦を使ってると思ってたんだけど、よく考えてみると、農民であるかれらにとっては農業暦である中国暦の方が便利なわけだ。

陳　イスラム暦にしたら一年が三百五十四日単位だから農業ができないものね。だいたいその程度にしか根付かなかったのに、仏教の痕跡がぜんぜんないということが僕は不思議でしょうがない。

限りない西域へのあこがれ

司馬　たとえば玄奘三蔵が高昌国を通ったとき、そこの王様はずっとここにおれというね。国を仏教化しようとしているところへ本物の坊さんが来た。もっとより深刻に仏教化しようということなんでしょう。国の建て方というのはそういうところもあったんじゃない？　日本だって飛鳥のときに仏教が採用され、奈良朝ができあがる。あのときもし仏教という全体をまとめるたがなかったら、大古墳一つごとに一部族国家というようになっていたかもしれん。つまり広域国家を形成するために仏教を利用したんじゃないか。

陳　生活の一つの体系として入って来たということもあったでしょうね。

司馬　そう、宗教というものは、われわれが厳密に考えるよりももっと違う機能も持っていたことを忘れてはいけないんじゃないか。日本に仏教が入ってきたとき、相当本格的にやるつもりだったんだろうけれども、結局はインド的にはなったことがない。いつかも話したけど、すべては輪廻転生《りんねてんしょう》だから、この世のことはどうでもいい、とはならない。法隆寺や薬師寺や東大寺を建てるのも、効き目としての仏教というのを考えないわけにいかないでしょう。極端にいうと、なんとかいうビタミンはよく効くといったふうなね。生活習慣の中まで浸透しなくてよい、効き目としての仏教で充分広域国家を作るのに役に立つ、王朝としてはそうでしょうね。でないと西域五十二国式の分け方でいくと、飛鳥時代までの日本には二万数千国もできてしまうかも知れない。

それから仏教が日本に来たとき、豆腐も油揚げも来た。それも仏教のおかげと思うところがあるでしょう。イスラム教が西域に入ってきたときも、変わったものが入ってきたんだと思う、宗教とセットになって。僕らが見てきた蛇の皮の三味線なんかも、インドから仏教といっしょに西域へやってきたものでしょうね。そのへんにヒントがあるんじゃないかな。

陳 イスラム教は排他的な一神教でしょう。ところがホージャが白山派と黒山派に分かれて分裂抗争して黒山派が政権を取ったときに、負けた白山派はチベットへ行って、ダライ・ラマに援軍を頼んでるでしょう。ふつうこんなことはしないでしょう、異教徒に援軍を頼むなんて……。それがありえたというのは宗教というものは、われわれが考えるほど力がなかったのかな、という気もしますね。

あの辺はいろいろ民族が入り交じって、十三だか何だかよくわかりませんが、その風習——たとえばさっきの羊の耳を切るといった風習をわれわれがみて異様なものだと思っても、漢族の言葉の中に〝牛耳る〟といった表現があるところをみると、やっぱり漢族だってそれをやってたんだな、ということでしょう、かれらがそれを保存していただけだと。異様とみるのは偏見かも知れないということですね。

つまりタリム川は砂漠に消えてしまうけど、またどこかでポコッと流れ出てくる。〝牛耳る〟といった言葉はその地表から消えている部分なんですよね。そういう習慣はなくなっているけど、消えた川のように地の底でやはりつながっている。

地下水は涸《か》れず、っていいますけど、人情も同じでね、みかけは非常に離れていても根は同じようなところにあって、そうするとイスラム教であろうと、仏教であろうと……。そう考えると、あんなに早く仏教色があそこから消えてしまった不思議さも何だかちょっとわかるような気がするんです。

司馬　まあ、僕らの西域好きというのはいったいなんなのかって考えると、それは案外唐の長安のインテリが西域に対してもった憧れ——それはその後の中国にはあまり見られない——がそのまま日本で凍結されて、保存されてるんじゃないかと思う。というのは日本は唐の文化を受けて奈良、平安朝をつくったけれど、それから先は交渉を絶った。十三、四世紀に禅坊主がちょこっといく程度で、十九世紀になるまではほとんど関係がなかった。でもそのイメージだけは「唐詩選」などを通じて、われわれのロマンチシズムの底に沈澱していたと言えそうやな。

陳　長い間塩漬けみたいになって保存されていたわけだね。あのころ行った遣唐使も留学僧も、仏教だけじゃなくて文化全般、そういう憧れみたいなものも一緒に取り入れてきたんでしょうね。

数千年の重み

司馬遼太郎

中国もしくは中国人とはなにか、ということは、二十一世紀に近づくにつれ、人類の切実な課題になってくるにちがいない。しかしこの設問ほど困難なものはなく、それに関する無数の具体的事例をそのあたりの浜辺いっぱいに積みあげても、事例そのものの形態、色彩、あるいは本質が複雑に相互に矛盾しあっているために、一個の概念化を遂げることは至難といっていい。事例の山からわずか数個の事例をひっぱり出して小さな概念をひきだしても、他の事例群でひき出された概念と矛盾してしまい、結局、中国は謎であるという一種の定説のとおりにわけがわからなくなってしまう。

しかし徒労であっても、やらざるをえない。

陳舜臣氏と私は、学校の同窓である。大阪の天王寺区上本町八丁目にあった語学を教える学校でそれぞれ別の言葉を学んだ。私の場合、モンゴル語科だった。モンゴル語科には教科書などなく、若いモンゴル人の先生が毎時間、ガリ版刷りの文章のサンプルをくばった。その最初の文章は「蒙古人《モンゴル・フン》は帯を締めますが中国人《ヒタッド・フン》は帯を締めません」というものだった。ついでながら、モンゴル語と中国語とはまったくちがった言語で、モンゴル語の文法はむしろ日本語にちかい。「日本人も帯を締めます《ブス》」と、この初等会話はつづくのである。

私どもは、他に中国語も習った。中国人教師は関先生という、ぶの厚い漢族特有の容貌と寛大さをもった老人だったが、たまたまこのモンゴル語の会話のサンプルをみて、

「中国人も、かつて清朝以前は帯を締めていた」

と、つぶやいた。

旧満州に半農半牧のくらしをしていた――いまとなれば少数民族の――満州トゥングースの一派が愛新覚羅《あいしんかくら》氏を首長として中国大陸を席巻し、明をほろぼして清朝をたてたとき、自分たちの帯を締めない服装を漢民族に強制して以来、満州風になった。辛亥《しんがい》革命で清がたおれてのちは辮髪《べんぱつ》をはじめとする満州風が後退したが、その後の軽快な中国服にも、帯は用いられない。このぶんにおいては右の会話のサンプルは事実に即しているのだが、しかし関先生にすれば単に「中国人は」とあっさり言いきられてしまうと、不是《ちがう》とまでは言わないにしても、すこし異を立てたい気分があったにちがいない。

関先生が老年のために故国へ帰ったあと、金先生という人がやってきた。

この人は品のいい北京語を喋ったが、風貌はどう見ても漢族ではなかった。脚がとびきり長く、痩せて筋肉質の体をもち、いわゆる短頭型で、両眼が吊って下瞼の肉がひどく薄く、典型的な満州トゥングース・タイプの好紳士だった。清朝の旗本ともいうべき満州旗人《きじん》の出身で、爪のさきまで中国文化と中国的教養でできあがっている人だったが、旧貴族としての祭礼の日にはすでに死語にちかい満州語の祭文を家族から離れ、ひとりで唱《しょう》しつづけるという話もきいた。

モンゴル人の先生は、まだ二十代だったように思う。ジンギス汗とその一族の末裔《まつえい》で構成されている内蒙古の貴族出身で、パオの暖房がいかに暖いかと言い、日本にきて家屋の寒さにおどろいた、おかげで腎臓病になった、といったりした。アメリカのどこかの大学に留学していた人で、当時、太平洋戦争の真最中だったが、たとえば「フォードのエンジンの音の静かなあの力強さは現代文明の象徴である」といって、やや軽薄な仕草ではあったが、エンジン音を上手に口まねした。この草原出身の知識人にとって、もっとも好ましいものは草原のパオであり、それと同格の位置にアメリカのフォード社の車が横たわっている。よくないのは家屋をはじめとする日本のすべてのようで、それ以上に好まないのは、口にこそ出さなかったが、漢民族のようであった。

「あの漢字！」

と、アメリカ人のように肩をすくめ、舌を鳴らした。あれは文字でなくアリの行列です、見ているだけでも頭が痛くなります、といったが、そういう表現のなかに中国文化と漢民族への拒絶をにおわせている感じがした。

私は年少のころ、こういうひとびとを通じて、中国とその周辺、あるいは中国史という大きな民族のるつぼを考えるようになった。というより、モンゴル語の学習時間が長いため、どうしてもモンゴルという、日本語でその後流行語になった「辺疆」へ気持がかたより、その場所から漢民族とその居住地帯を見るようになった。辺疆といっても、そこにいるモンゴル人にはそういう片隅の意識はない。かれらは十分にその遊牧生活のなかで自己完結しており、人口的には少数民族ながら自分たちをゆるぎもなく世界の大民族だと思っているために、その後の日本語の辺疆の語感のなかにある劣弱感、被害者意識、あるいは怨恨といったような要素はモンゴル人やモンゴル語に稀薄で、それへ身をよせてもおおらかな気分でいることができた。ともかくも蒙古高原からはるかに漢民族の農耕文明を見るという視点を最初にあたえてくれたモンゴルという世界への感謝は、多少は私のなかにある。

私には、中国に居住した経験はない。

二年足らず、兵隊の期間――大戦の末期――を満州ですごしたが、これは兵営の体験であって土地についての体験ではないであろう。

偽帝国とはいえ、私のいた田舎はしずかだった。私はせっかく覚えかけた中国語を忘れないようにするため、ひまをみつけてはいろんな村の農家に立ち寄った。中国農民は偽帝国の兵士に外見上いかにも寛大で、私が質問する農作物の名や農具の名を親切にくりかえし教えてくれたりした。やがて気がついたことだが、相当大きな自作農でも、農具の種類は日本の農家にくらべてひどくすくなく、一つの道具を多くの目的につかっているようで、日本の農家のように一道具一目的とまでは行っていないことが、ふしぎに思われた。むろん、明治までの日本の農具の多くは、中国に祖型をさかのぼらせることができる。いうまでもなく日本の弥生式水田農耕は江南からきたもので、そのことは籾《もみ》粒《つぶ》だけが空を飛んでやってきたわけではなく、農具も一緒にやってきたであろう。藁工《わらこう》品《ひん》も一緒にあるいはきたかと思える。私は一九七六年に延安へ行った。革命記念館に案内されたが、一つの陳列ケースをのぞいて、そこに紅軍の兵士がはいたひもの多いわらじを見て驚歎した。どう丹念に見てもすべての点で明治初年まで日本人がはいていたそれと同じであった。しかしひるがえって考えてみると、稲作農耕がやってきたというのはその生産と暮らしにともなう重要な加工品もセットになって江南からやってきたと考えるほうが常識的ではないか。

右は余談にすぎない。要するに、中国大陸という諸民族のるつぼは人間の生産と暮らしに必要な多くのものを発明して、われわれ周辺の民族に益《えき》してくれたが、しかし私が見た東北地方のその時期の農家の農具のぐあいはそのようであった。このことは巨大な停頓がこの大陸にすわりこんできたということを私に想像させた。その大停頓の理由は漢の滅亡以後、ごく近代までこの大陸で鉄器が慢性的に不足してきたことと重要なかかわりがあると思うようになったのは、私にとってここ十年来のことである。

しかし東北地方の農家をのぞいていたときの私には、多くの農具を生産した日本の江戸時代しか思いうかばなかった。室町以後の商品経済は江戸期になってそれなりの発展と充実を示したが、そういう日本の史的風景のある部分をもっと考える必要があるのではないかという程度しか感想をもたなかったが、それにしても私に日本史のほんの一局面とはいえ、自分なりの目で見ることを促してくれた東北の農家につよい感謝をもたざるをえない。

私は戦後に社会に出た。

世間で働きながら中国の古典を読むと、子供のころとはちがった感じ方をするようになった。

中国の春秋戦国というのは金属生産が飛躍的に騰《あが》って、それにともなって農業生産があがり、学者、思想家、発明家、戦術家という遊民を生み、養うまでになったということに驚きをおぼえた。すでに古代的な形ながらも個我の精神が発達し、ひとびとは独自に思想を考える姿勢を社会から保障され、あるいはさまざまな好奇心が芽をふきはじめたことは、質的には西洋の十七、八世紀にも匹敵するかというふうに感じ、その感想に取り憑《つ》かれた。それらが漢代のある時期から急速におとろえてゆくのはなにかということについて、私なりの見方があるが、ここでは触れない。

七〇年に入って、二度中国に行った。その感想をひとことではいえない。強いていえば中国はみごとによみがえったし、もはや過去にもどることはありえない、ということであった。そのことは、宮崎滔天《とうてん》が好きでありつづけている私をよろこばせたが、一面、しばしば変転する政治現象、もしくは政治的価値観のアクセントの変化には閉口した。たとえば、いわゆる四人組の全盛期と没落期に行ったが、没落期に行ったとき、ひとびとは私ども外国人をつかまえていかに四人組が強大な権力をにぎり、かれら個々の出世のためにいかにそれを悪用したか、ということを語った。二十一日間それをききつづけて中国を離れるとき、このすぐれた国家と聡明な民族のなかに、数千年前からかかえこみつづけている荷厄介な古代が容易なことでは消えないのではないかと思った。

古代に対するものとして一応近代というあいまいな概念を置くとすれば、近代の一特徴は国家や社会に中堅幹部が多すぎるほどいるということであり、また権力が個人もしくは一機関に集中せず、無数に分散されているか、あるいは諸権力に対する相互牽制の装置がよく働くように按配されているということであろう。

四人組が、毛主席の夫人を中心とすることによって無名の存在から彗星のように出てきて大権力を握ったということ自体が、いかにも古代的である。さらにはそれが、自分の過去を知っている善意の他人を無数に長期間監禁したということまでふくめ恣意的な権力行使をしたというのも、他の近代社会では考えにくい。このことは体制の欠陥ではなく、巨大な文明を形成した古代以来抱きこんできた何事かによるものかもしれない。中国という国もしくは社会は、社会主義建設をすすめる一方で、ときにその方角と理論的には相反するかに見える近代というものの密度を緻密なものにしてゆかざるをえない、というむずかしさをどう仕様もなくかかえこんでいる。

以上、言い足りなかったことを思いつくままに補足したが、しかし中国に関するかぎり、言い足りるということはついにないというのが本当かもしれない。

陳舜臣氏は年少のころからの友人で、いわゆる爾汝《じじょ》の仲である。あらたまって対談するなどどうも具合がわるく、たとえば阪神間の友達言葉をつかうとなにやら漫才のようで、気分はそのほうがいいが何かが抜けてしまいがちになる。このためことさら丁寧語で通すように双方心掛けたが、その実、ぞんざい言葉がまじってしまい、不安定なものになった。しかし整理するにあたってことさらそのままにした。
ついでながらこのあとがきの文章についてはあくまでも私見で、陳舜臣氏はその責めを負わない。当然のことだが。

一九七八年一月

解説　「預言的な響き」――二人の大家が論じ尽くした日中対決の原点

山内昌之

日本人は、他の国民と違って、中国について現実を素直に見ることがない。中国の或る部分を理想化するあまり、歴史をありのままに見る道筋を拒否するところがある。このウエットな特徴は、江戸時代の儒学者から現在の中国専門家にいたる知識人に見られるばかりでない。歴代の政党政治家を含めた為政者のなかにも、日本の歴史や両国の関係をしばしば歪めて考える者がいる。

中国文明を尊敬し友好を求める態度と、中国の政治的な威に萎縮し唯々諾々と意を迎える卑屈さとは別物である。日本の政治家と外交官にはこの違いが判らない人も少なくない。これは、『文藝春秋』の一九七〇年十一月号の陳舜臣との対談において、司馬遼太郎が表現した「日本人の漢文的世界」の感覚と無関係ではないだろう。

司馬遼太郎は、漢文的世界の中国と現実の中国は別物だと述べている。これは、自分の頭の中に存在する漢詩や漢文でイメージされる世界が、生きた政治や外交の舞台である現実の中国と同一でないということだ。脳裏にある過去の幻影をそのまま現実の舞台に投影すれば、少なからぬ判断ミスや誤解が生じるのは当然であろう。学者の理屈だけなら国を滅ぼすことはないが、政治家が主観的な感情移入や共感にこだわるなら国益を毀損しかねない。

秦の始皇帝の時代に徐福が来住して日本を開いたという説をまともに受け入れる日本人はいない。他方、九世紀の『新撰姓氏録《しんせんしょうじろく》』にある秦《はた》氏が渡来人の末裔であり、中国起源の帰化人であることは、歴史学の上でかなり信用できる。歴史で必要なのは、いつの時代についても、伝説と史実をしっかり区別する作業である。たとえば、『史記』の世家の最初に出てくる呉の太伯が日本人の先祖だという説はとるに足らない。髪を短く切り体にイレズミを入れた太伯が「倭人」にそっくりだから、日本人の祖だという説は中国で流布したものだ。しかし、この説は、南北朝の北畠親房、足利時代の一條兼良、徳川時代の山崎闇齋などが斥けていた。それでも、徳川家康の政治顧問ともいうべき林羅山は日本人が太伯の末孫だという説を長々と書いたので、後に山崎闇齋が憤慨してこの捏造などはさしずめ『周礼』にいう「造言の刑」にあたると厳しく批判したほどだ（内藤湖南「先哲の学問」『全集』第九巻）。

判りにくい民族

林羅山の誤りは、司馬遼太郎のひそみにならえば、中国をあまりにも「漢文的世界」でとらえようとした点にあるのではないか。現代日本の政治家や外交官がしばしば中国について犯す情勢分析の甘さや判断ミスは、頭で描いた「漢文的世界」のコードで現実の複雑さを単純化するか、単純さをあえて複雑化する点にある。むしろ、中国の海軍力増強や尖閣諸島の問題をめぐる暴力破壊行為で改めて確認すべきは、「現実の中国のほうは、日本人にとってきわめて判りにくい民族」だという司馬の指摘であろう。司馬は、アメリカ人のほうが日本人には判りやすいくらいだというのだ。

司馬は、いまの日中対立の時点から回顧すれば興味深い提案をしていた。

「こうなると、日本人にとってヘタに中国を理解しようと思う姿勢をとらないでいる方がかえって便利のように思えてきますよ」

この司馬の発言に陳舜臣が反発しているところも面白い。

「どうも日本人は、そういうふうに閉鎖的に閉じこもってしまいがちなんですよ」

陳は、日本人が閉鎖的でいる方を有利と考え、鎖国もやはり日本的な個性の現れだと切り返すのだ。こうした鎖国を受け入れる精神性こそコンパクトで機能的な国家の体制に適合すると言いたげである。「理想は手足のごとくうごかせる精鋭の小部隊を編成することです。大軍団になってしまえば、動きが鈍くなる」と。

中国のように広い国なら大軍団を使いようもあろうが、日本のように小さな国土で大軍団ができてしまうと処置なしである。武家政治が長く続いた日本は、徳川時代の終焉後も明治にその伝統が引き継がれた。そして、満州事変前後から武家政治を是とする極端な流れや世論が出てくる。そこに乗っかったのが陸軍の軍閥ということになるだろう。

この軍閥が大軍団を擁すると海外遠征戦争という日本史にほぼ例のない大胆な行為に乗り出すほかない。司馬は、昭和の軍閥が日本を支配するというよりも、日本と日本人を占領してしまったという巧みな表現をしている。

日本人と中国人の違いは？

ところで司馬は、中国人と日本人との違いは何かという問いを発した。すると、陳は「中国人は現実的で、フィクションを認めない」と間髪を入れずに答えている。日本では、もともと古いものも新しいものも外から来た事物だった点が中国と違うというのだ。

確かに、外来の思想が中国起源ならば、そこに考え方の普遍性とそれが生まれた中国の特殊性の双方が含まれている。当然、独自の民族と国家である日本は、ひとまず中国で生まれた普遍的な「道」と日本固有の社会感覚との葛藤に悩むことになる。司馬は、自前のものは神道のシャーマニズムだけだから、明治の近代化など各種の試練に際して、中国から来た文化や事物を捨てるのも簡単だったと語る。しかし、実際の思想の受容と廃棄との関係は二人が言うほど簡単なものではない。

それを考える一つの手がかりは、すでに紹介した儒学者にして神道家の山崎闇齋の思想であろう。

闇齋は弟子たちに、孔子や孟子が日本へ攻めて来たならば、孔孟を捕虜にするのが孔孟の道だと説いたといわれる。中国で生まれた儒学の道徳観で大事なのは、そこにはらまれる普遍主義であり、説いた人物たちの民族籍や国籍ではないというのだろう。その弟子の浅見絅斎《けいさい》が述べた「聖賢の道を尊むべし」とは、日本で平和に人びとが生活をしているときに、異国（外国）の贔屓をするあまり国の利益を忘れるのは大きな「異端」であり、普遍的な教えの「道」に反するという主張につながる。

もし異国の君主の命令で孔子や朱子が日本に攻めてきたなら、まず進んで二人に鉄砲を向けて孔子と朱子を討ち取るのが日本人としての大義というものだという。書物だけを読んで異国人（中国人）になった気分となり、その真似をするのは正しい「道」を知らないからだ。この点では、絅斎の論敵となった同門の佐藤直方も、国際関係における日本の自主独立と安全保障を当然の理と考えていた。まず起こりえないと留保しながらも、もし孔子と孟子が軍隊を率いて他国に侵攻すれば、それは孔孟が自らの説いた「道」に背馳する行動をとるのだから、「道」に従ってこれを撃破すればよいというのだ

（『日本思想大系31・山崎闇斎学派』所収各編と解説・丸山真男を参照）。

孔子や孟子が説いた教えを守ることこそ孔孟の道というものであり、それを孔孟自ら踏みにじるのは〝中華思想〟の排外主義的な現れだから抵抗しても構わないという理屈は、ずいぶんと醒めた世界観というほかない。このあたりが陳舜臣のいう、自分の生き方を変えない中国人、変える日本人という個性の違いなのかもしれない。

くすぶりつづける火種

ここから二人は、明治維新のように方向転換の早い日本と、過去を切り落とすために連続革命を必要とする中国との差異を強調する。清朝を倒した一九一一年の辛亥革命も第三革命まで続き、その後の蔣介石の北伐や国共内戦や日中戦争、そして一九四九年の中華人民共和国成立までを考えると不断の革命の歴史であった。大躍進や文化大革命はもとより天安門事件やチベット問題を見ても、かつて毛沢東が語ったように革命は永遠に続くという重い感覚が、中国人の理念への過剰なこだわりを生み出しているのではないだろうか。

いまや、そのこだわりは共産党独裁による資本主義という世界史でも最もいびつな体制を維持するために、反日を理念と現実の双方で掲げざるをえない。尖閣諸島を「核心的利益」と位置づけ東シナ海のヘゲモニーをとる動きは、陳舜臣の言葉を借用すれば、中国では火がついても炎が出るまで時間がかかるという例であろう。炎が上がってもすぐには広がらないのである。日本の政治家と外交官が忘れた頃に大きな炎になるのだ。

かれらの一部は、中国による一方的な東シナ海ガス田開発や恣意的な歴史解釈が起きて両国関係に火がついても、中国が声を荒げるのをひとまず止めれば紛争の火種が消えてしまったかのように錯覚する傾向が強い。しかし、問題はもう消えてしまったかと都合よく理解しても、実際に手を触れてみるとまだ熱気がある。そのうちにくすぶりだして、また炎が出てくる。その時は前の炎と違って、大きな炎になってまさに燎原の火のように広がり、鎮火のしようもなくなるほどだ。いまの中国海軍や関係部局による日本の領空領海への公然たる挑発は、日本の歴代政権が前の炎は消滅したと勝手に思い込んだ〝天罰〟でもあろうか。

日本の明治維新やアジア太平洋戦争の敗戦では、パッと炎が燃えあがって新時代に移行した。中国ではなかなかにそうはならない。中国では辛亥革命による帝国の崩壊プロセスがまだ終わっておらず、火種がいつもくすぶりつづけボヤになり、時には大火にまで達する現代史が繰り返されているのだ。それどころか、マルクス主義と共産主義を中国史の独特な文脈で変容させた毛沢東思想を代表思想の一つとして掲げる限り、さながら中華帝国のように周辺に膨張を続ける圧力を、日本は正面から跳ね返す意志力と歴史観を正しく身につけるべきであろう。

まさに中国の「大軍団の不器用な旋回」（陳）をまともに風力として受けても、アジアで跳ね返せるのは日本くらいなのである。しかも、このまだ終わっていない革命の大きさは、「揚子江の規模」（司馬）くらいの巨大な圧力であることを真剣に認識してかかる必要がある。この意味で、二人の対談のタイトル（原題「日本人は〝臨戦体制〟民族」）はまさに預言的な響きをもっていま甦るのである。

（東京大学名誉教授）

※「文藝春秋」二〇一二年十二月号より

本書に収録した作品のなかには、差別的表現ととられかねない箇所が含まれています。が、作品自体は差別を助長するようなものではないことなどに鑑み、原文のままとしました。読者諸賢の御理解をお願いいたします。

文春文庫

対談《たいだん》　中国《ちゆうごく》を考《かんが》える

定価はカバーに
表示してあります

2013年3月10日　新装版第1刷
2025年10月10日　　　　第3刷

著　者　司馬遼太郎《しばりようたろう》・陳舜臣《ちんしゆんしん》
発行者　大沼貴之
発行所　株式会社 文藝春秋

東京都千代田区紀尾井町3-23　〒102-8008
TEL　03・3265・1211㈹
文藝春秋ホームページ　https://www.bunshun.co.jp

落丁、乱丁本は、お手数ですが小社製作部宛お送り下さい。送料小社負担でお取替致します。

印刷製本・TOPPANクロレ

Printed in Japan
ISBN978-4-16-785501-7

「司馬遼太郎記念館」への招待

司馬遼太郎記念館は自宅と、隣接地に建てられた安藤忠雄氏設計の建物で構成されています。広さは、約3180平方メートル。2001年11月1日に開館しました。数々の作品が生まれた書斎、四季の変化を見せる雑木林風の庭、高さ11メートル、地下1階から地上2階までの3層吹き抜けの壁面に、資料など2万余冊が収蔵されている大書架……などから一人の作家の精神を感じ取ってもらえれば、と考えました。展示中心の見る記念館というより、感じる記念館ということを意図しました。この空間で、わずかでもいい、ゆとりの時間をもって、来館者ご自身が自由に考える、読書の大切さを改めて考える、そんな場になれば、という願いを込めています。（館長 上村洋行）

利用案内

所在地　大阪府東大阪市下小阪3丁目11番18号　〒577-0803
TEL　06-6726-3860
HP　https://www.shibazaidan.or.jp
開館時間　10:00～17:00（入館受付は16:30まで）
休館日　毎週月曜日（祝日・振替休日の場合は翌日が休館）
特別資料整理期間（9/1～10）、年末年始（12/28～1/4）
※その他臨時に休館、開館することがあります。

入館料

	一般	団体
大人	800円	640円
高・中学生	400円	320円
小学生	300円	240円

※団体は20名以上
※障害者手帳を持参の方は無料

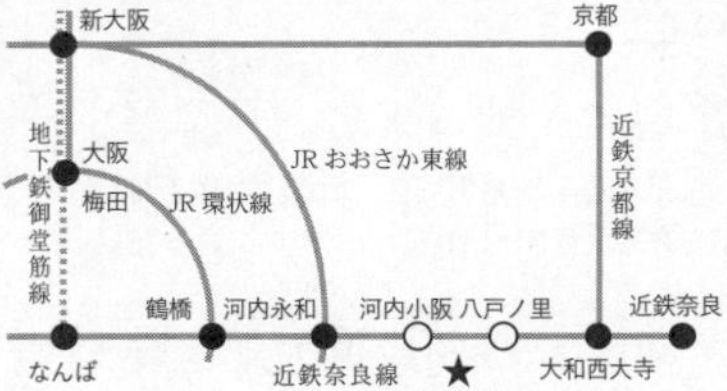

アクセス 近鉄奈良線「河内小阪駅」下車、徒歩12分。「八戸ノ里駅」下車、徒歩8分。
Ⓟ5台　大型バスは近くに無料一時駐車場あり。必ず事前にご連絡ください。

記念館友の会　ご案内

友の会は司馬作品を愛し、記念館を支えてくださる会員の皆さんとのコミュニケーションの場です。会員になると、会誌「遼」（年4回発行）をお届けします。また、講演会、交流会、ツアーなどの行事に会員価格で参加できるなどの特典があります。

年会費　一般会員3500円　サポート会員1万円　企業サポート会員5万円
お申し込み、お問い合わせは友の会事務局（TEL 06-6726-3860）まで